国家级职业教育规划教材
人力资源社会保障部职业能力建设司推荐

国家级职业教育规划教材
全国职业院校学前教育专业教材

第3版

幼儿
社会教育活动设计与指导

李叶兰 主编

中国劳动社会保障出版社

简　介

本书根据职业院校学前教育专业的教学实际，系统介绍了幼儿社会教育活动的设计与指导知识，主要内容包括幼儿社会性发展、幼儿社会教育概述、幼儿社会教育活动设计、幼儿社会教育活动实施以及幼儿社会性发展与幼儿社会教育活动评价。本书以幼儿园常用、典型的教育活动内容为主线，将教学理论与活动设计案例相结合，详略得当，深入浅出。

本书由李叶兰任主编。

图书在版编目（CIP）数据

幼儿社会教育活动设计与指导 / 李叶兰主编. -- 3 版. -- 北京: 中国劳动社会保障出版社，2020

全国职业院校学前教育专业教材

ISBN 978-7-5167-4636-3

Ⅰ.①幼…　Ⅱ.①李…　Ⅲ.①学前教育－社会科学课－高等职业教育－教材　Ⅳ.①G613.3

中国版本图书馆 CIP 数据核字（2020）第 166346 号

中国劳动社会保障出版社出版发行

（北京市惠新东街 1 号　邮政编码：100029）

*

北京市艺辉印刷有限公司印刷装订　　新华书店经销

787 毫米 × 1092 毫米　16 开本　9.75 印张　164 千字

2020 年 10 月第 3 版　　2024 年 12 月第 6 次印刷

定价：22.00 元

营销中心电话：400-606-6496

出版社网址：http://www.class.com.cn

http://jg.class.com.cn

前　言

学前教育是终身学习的开端，是国民教育体系的重要组成部分，是重要的社会公益事业。学前教师教育担负着培养学前师资的重任，始终受到国家的高度重视，2018 年《中共中央　国务院关于学前教育深化改革规范发展的若干意见》明确提出要“办好学前教育”“大力加强幼儿园教师队伍建设”。为了适应学前教育发展的形势，满足学校培养学前师资的教学要求，2020 年，我们对全国职业院校学前教育专业教材进行了修订和补充，重点做了以下几方面的工作。

第一，完善了教材体系。根据目前职业院校学前教育专业的教学实际，增加了《幼儿行为观察与指导》《幼儿园游戏》等教材，将《舞蹈（第二版）》和《幼儿舞蹈创编与教法》整合为《幼儿教师舞蹈基础》，将《基本乐理与伴奏编配（第二版）》分为《基本乐理》和《简易钢琴伴奏构建法》。调整后，整套教材体系更加科学、完善，便于教学的开展。

第二，更新了教材内容。对上版教材中的部分内容进行了调整、补充和更新，使教材更加符合当前职业院校学前教育理念和实践方法。增加了实践性教学内容的比重，主要技能点均配以详细的操作指导，以引导学生运用所学知识分析和解决实际问题。

第三，提升了教材表现形式。通过设置知识卡、能力卡、情景再现、引导案例等栏目，增加教材的亲和力，激发学生的学习兴趣。同时，加强了图片、表格及色彩的运用，营造出更加直观的认知环境，提高了教材的趣味性和可读性。

第四，加强了教材立体化资源建设。在教材修订的同时，开发了与教材配套的习题册和电子课件。电子课件及习题答案可登录技工教育网（jg.class.com.cn），搜索相应的书目，在相关资源中下载。在部分教材中使用了二维码技术，针对教材中的教学重点和难点制作了演示视频、音频等多媒体素材，学生使用移动终端扫描二维码即可在线观看或收听相应内容。

本套教材的编写得到了有关学校的大力支持，教材编审人员做了大量的工作，在此我们表示衷心的感谢！同时，恳切希望广大读者对教材提出宝贵的意见和建议。

人力资源社会保障部教材办公室

目录

第一章 幼儿社会性发展

学习目标

- 了解社会性和社会性发展的一般概念。
- 了解影响幼儿社会性发展的因素。
- 理解幼儿园对幼儿社会性发展的作用。
- 掌握幼儿社会性发展的内容。

幼儿社会教育是以帮助幼儿顺利实现社会化、促进幼儿社会性发展为目标，以增进幼儿的社会认知、激发幼儿的社会情感、培养幼儿的社会行为为主要内容的教育。明确幼儿社会性的含义及幼儿社会性发展的特点，是提高幼儿社会教育有效性的重要保证。

三人成众

图片说明：“众”即社会，幼儿在社会生活过程中发展社会性。

第一节　幼儿社会性发展基础知识

一、人的社会性和社会性发展

1. 人的社会性

人是社会性动物。作为个体，人的生存能力甚至比很多动物逊色，但是作为群体，人类就具有了“九天揽月、五洋捉鳖”的巨大能量，能够共同推动社会的发展。每个人都是在一定的社会环境中生存和发展，自觉不自觉地与各种环境因素进行相互作用。而在此过程中，每个个体都展示出自己独特的生活能力、情感态度和行为方式，即在一定社会中展现其生命的价值。

所谓人的社会性，一般可以理解为一个人，一个作为特定的社会关系、社会群体、社会机构及社会制度中的人，在社会生活中所形成的比较稳定的对人、对己、对社会（包括其中的事物）的认识、情感态度、行为等方面的特征。

2. 人的社会性发展

在任何社会条件下，个人的行为都必然直接或间接地受到周围环境的影响和限制，没有绝对的个人自由。每个人都是作为一个社会人生活和工作，在一定的社会条件下生存，必须适应社会，参与社会生活。

每个人出生时都是一个自然人，其行为方式表现出明显的自然属性。例如，婴儿出生后饿了就哭，小便时不分时间、地点和场合，这都是出于本能进行的生命活动过程，其行为不带有任何情感色彩、民族文化特点及社会规则约束，完全是他的自然属性的展现。婴儿需要成人的照顾，他的各种生理活动不考虑时间、地点和场合，随身体的需要随时进行，因为生理需要产生的各种活动形成了他与照顾者之间的相互关系，这就是他最初的社会关系。

幼儿在受到成人悉心照料的同时，也与周围环境中的各种因素，特别是与直接照顾他的成人发生互动。在此过程中，幼儿感受到安全、被照顾、被关注，同时也逐渐感受到约束、限制，学会认识各种各样的人和事，学会用自己特有的方式表达情感和需求，学会与人交往。随着年龄的增长，个体逐渐扩大交往和活动的范围，他要认识各种环境因素，因各种体验而产生不同的情感和态度，并从他周围的人逐渐感受到社会的要求、期待和约束，向社会要求的方向发展。

这个过程，就是幼儿从一个生物的人发展成为一个社会的人的过程，也就是他社会化的过程。著名的“落井逃生实验”就生动地表现出不同社会环境中的幼儿社会性，以及民族文化对社会性发展的影响。

一位西方教育家在我国随机找到三名年龄不同的幼儿，向他们展示了一个瓶子。瓶子里放了三个球，分别用线系好，瓶口直径略大于球的直径。教育家把系着球的线分别交给三名幼儿，告诉他们：“这个瓶子代表井，你们手里的球就代表你们自己，现在你们都在井里，10 秒钟内必须出来，否则井水就会把你们淹没，但是你们每次只能出来一个人。”

教育家说完，只见三名幼儿中年龄最大的幼儿指挥年龄最小的幼儿先出来，年龄居中的幼儿第二个出来，年龄最大的幼儿最后出来，全程用时只有 7 秒钟。

教育家感到很意外，就问其中年龄居中的小男孩：“你为什么不想办法先出来？”男孩指着最小的女孩说：“她最小，应该让她先出来。”

教育家又问年龄最大的女孩：“那你呢？”女孩回答：“我最大，应该让弟弟妹妹先出来。”

教育家大为感动地说：“我在许多国家和地区都做过这个小实验，参加实验的孩子都没有在规定时间内全部出来，因为孩子们都争着让自己的球先出来，挤成一团，结果谁都出不来。只有你们用了不到 10 秒钟，因为你们不仅有顺序，而且懂得谦让。”

“落井逃生实验”的不同结果说明，当不同的个体与他周围的环境特别是社会环境相互作用时，能产生各种各样的态度和行为，其行为因意识形态、文化传统、风俗习惯、地域条件等多种因素的影响而表现出各自的特点，这种在与周围环境的相互作用，特别是与他人互动过程中表现出来的比较稳定的情感态度和行为方式的特点，就是这个人社会性的具体体现。

中国的传统文化重视对儿童处理人际关系的良好行为进行启蒙教育，如长幼有序、尊老爱幼、谦让、含蓄等。上述实验中三名幼儿的表现充分证明，个体的社会性受到他所处社会环境的民族文化的深远影响。

幼儿社会化的过程又称为幼儿的社会性发展。在这个发展过程中，幼儿要掌握参与社会生活所必需的知识技能（如语言、生活经验等），要学习与周围不同的人进行交往，建立丰富的情感联系，并要在成人引导下，在自己的实际活动中逐渐将社会规范和价值标准内化，以指导自己的社会行为。

幼儿社会性发展的过程，就是幼儿逐渐适应社会、参与社会生活的过程。幼儿逐渐发展和具备在社会中独立生存、成长和发展的能力，成为在一定社会条件下符合社会要求的社会的人。幼儿的社会性发展过程是一个从生物的人逐渐成为一个社会的人的过程，也是其生命价值逐渐展现的过程。

二、影响幼儿社会性发展的因素

幼儿社会性的发展是以其个体因素为基础，不断与各种环境因素相互作用的结果。个体因素为其发展提供了必需的物质基础，环境因素构成其发展的必要条件。

1. 个体因素

（1）遗传因素

遗传为个体发展提供必需的生理基础，不仅表现在身体形态和身体素质方面，还深深地影响幼儿社会性发展的水平、速度和特点。例如，以神经活动类型划分的不同气质类型就是由遗传决定的。人们不可能要求一个以抑郁质为主要气质类型的幼儿能够在各种活动中都积极主动地展示自我，虽然教师通过各种影响希望他更加活泼开朗，但不可否认的是，他更适应独自安静的活动方式。与其努力试图改变他的性格，不如发现和鼓励他性格、能力中的优势因素，激发其社会情感和积极向上的态度。

（2）先天因素

胎儿在母体内会受到来自母亲身心状况（如母亲服用的药物及母亲的情绪变化、营养条件、工作环境等）的影响，从而形成发育过程中的不同变化，这些都会影响其社会性发展。例如，有的科学家指出，造成幼儿孤独症的重要原因之一就是母亲服药对胎儿神经系统发育产生了不良影响。孤独症幼儿最主要的表现就是不能与周围人和环境进行正常交往，他们的社会性发展受到先天不良因素的严重阻碍。

我国传统文化中对孕妇生活环境的要求就是感悟到先天环境对个体发展的重要作用，从而提出要重视胎教。古希腊时期，柏拉图便提出儿童是国家的未来，因此国家有责任重视孕妇的健康和教育，以保证生育出身心健康的孩子。

（3）生理成熟水平因素

生理发展特别是脑的发育，是个体心理发展的必需条件，幼儿社会化水平受其生理成熟水平的限制。当幼儿大脑发育不完善，思维水平处于以直觉行动和具体形象为主要特征的阶段时，是不可能理解抽象的社会行为准则的，教育者只能从与幼儿生活联系密切的活动中去培养他们具体的社会行为。例如，让幼儿学习玩滑梯轮流排队时，不必让他们一定懂得并记住“轮流、秩序”这样的抽象词汇。

（4）个人行为特征因素

幼儿在遗传基础上形成的个体行为特征对照顾他们的人产生一定的反作用，也将影响其社会性发展。一个经常以默默流泪的方式表达感受的幼儿，往往会被成人和同伴忽视，或被成人呵斥，多数情况下，其社会行为的表现就比较被动、退缩；而一个活泼爱笑的幼儿往往受到更多的鼓励，其社会行为也更积极、主动、大胆。

（5）性别角色因素

幼儿的性别可以影响父母和社会对他的期望，影响父母对他的养育观念和言语行为，从而进一步影响其社会角色和社会行为特征。例如，父母往往希望男孩子更坚强、独立，经常会对他说“男孩子不哭，要勇敢”，随着他的成长，他就逐渐形成“男儿有泪不轻弹”的社会角色特征。

现代脑科学的研究证实，男性和女性存在着先天的脑部结构差异，这会影响他们的社会行为。例如，女性脑部神经细胞间的联系比男性更加丰富，因此可以“一心多用”，同一时间内做几件事情，其语言能力发展明显优于同龄男性，这种区别在幼儿期即有一定表现。许多女性喜欢在与他人聊天的同时边吃零食边做事情，显然多数男性没有这样的“本事”，这使得男性做一件事情时比女性更专注，因此做事成功的概率更大。生理学的研究早已证实，由于激素的作用，男性在社会交往中表现出更多的竞争性和攻击性，女性在社会交往中更多时候表现比较被动。但这种因激素产生的区别，在幼儿期没有明显的表现。

2. 环境因素

（1）物质环境因素

家庭或幼儿园建筑空间的大小、玩具（材料）数量和种类的多少、生活区域服务设施条件的好坏，直接或间接地影响幼儿的社会性发展。例如，空间过于拥挤时，人们潜意识中的防卫心理会发挥作用，个体对周围的人容易产生敌意，情绪容易冲动，容易产生攻击行为，这在成人和儿童中都有所表现。

幼儿如果长期处在狭小、拥挤的空间里活动，可能固化敌对的态度和攻击行为，形成消极的社会情感和社会行为方式；而活动空间过大时，如果缺乏合理的引导或交流媒介，幼儿难以自发产生积极的社会交往行为。幼儿园如果忽视幼儿的发展水平，提供的玩具、材料和设施不适宜幼儿的发展水平和需要，也容易诱发消极社会情感和社会行为。适合的玩具、材料和设施，能够有效激发幼儿共同游戏等关注和合作行为。

大班幼儿的合作游戏

图片说明：玩具虽然简单，但大班幼儿的合作游戏还是充满了乐趣。

（2）自然环境因素

大的自然环境（如地理条件、气候特征等）能够间接影响幼儿社会化的发展速度和水平。一个地区的自然条件对人们的生活方式、行为习惯、风俗文化的形成有重要的影响，幼儿在成长过程中受到自然环境潜移默化的影响，其社会性因此带有地理、气候等方面的深刻印记。例如：我国很多少数民族群众能歌善舞、大胆泼辣，而汉族群众则较为含蓄内敛；南方人多细腻，北方人多粗犷。这些都与其生活环境中的地理、气候存在关系，生活在其中的幼儿也因此形成带有一定地域特点的社会行为特征。

（3）人际环境因素

人际环境主要是指人们之间各种直接或间接的关系，包括因为个体的体验、认识、需求的不同而形成的精神和文化氛围。对幼儿而言，直接的人际交往活动是其社会认知水平、社会情感态度和社会行为塑造的根本动因。幼儿的人际环境主要来自照顾他的成人（这里主要是指家庭中的父母和幼儿园里的教师）和他周围的伙伴。良好的人际环境能够促进幼儿生理和心理的全面发展。

哈佛大学的怀特博士发现在一所旧式保育院里，出生后4个月以内的婴儿一直是躺在用白布裱糊的婴儿床上，保育院只是满足其最基本的生理需求，护理者与他们没有任何情感和语言交流，对他们没有颜色和声音变化的刺激，婴儿基本与外界隔离。这些婴儿2个月时会发现自己的手，会用手敲打物体，3个月后能按眼睛的指引伸手触摸悬挂在头上方的物体。于是，怀特博士选了15名出生6天的婴儿，给他们配备了一名专门的护士，每天按时给他们20分钟的外界刺激，例如，与他们说话，抚摸他们的小手，逗他们玩。1个月后，怀特博士把他们放到五彩缤纷的婴儿床上，床栏用花纹装饰，床头有发光的气球，床的周围贴着生动多彩的动物图片。他还加强床的硬度，使婴儿不会轻易陷下去。护士会帮助婴儿趴在床上，每天3次，每次15分钟。同时，他把床前面的护栏换成透明的，引导婴儿感受室内的变化。于是，婴儿努力抬起头来，对周围充满了好奇。这样，一个半月后婴儿就能手眼协调地伸手触摸悬挂在自己头上方的玩具。怀特博士通过实验发现，一旦开始进行抬头、手眼协调抓物这样的高水平活动，婴儿就能获得更多的知识经验，他们很快变得“懂事”起来。

怀特博士的实验证明，成人对婴幼儿成长的关注态度能够影响婴幼儿生活环境中物质因素的质量，影响成人与婴幼儿的互动水平和效果，影响婴幼儿认知能力和身体运动能力的发展。婴幼儿的认知能力发展是其发展社会认知、社会交往行为的基础，婴幼儿的身体运动能力对其社会情感也有长远的影响。

（4）家庭环境因素

家庭是幼儿生活的最初场所，父母与幼儿间有着天然、亲密的互动关系。正是在家庭环境中，幼儿开始社会化过程并为一生的社会化奠定基础。可以说，个体一生的社会化过程以及因此形成的社会性特征，都受到家庭极大的影响，特别是受到家庭中亲子互动关系的影响。对幼儿社会化直接发生作用的是父母对孩子的养育观念、养育情感态度和养育行为方式。父母的文化水平、职业成就、成长经历、人生观、世界观以及因此形成的家庭文化氛围等，对幼儿社会性发展起着间接的、潜移默化的作用。

教育实例

“篮球飞人”乔丹小时候个子就很高。在他要上小学时，他的妈妈担心儿子打架，就严肃地告诉儿子不许打人。结果，大个子的小乔丹成为班里同学欺负、嘲笑的对象，他们打他，推搡他，抢他的东西，不和他一起玩。于是，听话的乔丹经常哭着回家。

有一天，乔丹哭得很委屈。爸爸正好在家，妈妈就建议他和爸爸谈谈。乔丹告诉爸爸同学打他，还笑话他是大笨蛋。爸爸问他，就这样被人打吗？乔丹说，妈妈不让打人。爸爸让他想一想，能不能用其他方法反抗别人的欺负而不需要打架。

第二天，乔丹高兴地回家告诉父母，他和同学们一起玩篮球时，有位同学又要欺负他。但乔丹没有打这位同学，只是把他使劲按住，让他动不了，欺负他的同学最终不得不认输了。后来，大家都愿意和乔丹一起玩了，也没有人再说他是笨蛋。乔丹说，还是爸爸说得对，不打架不是任人欺负。别人欺负你，你就要想个好办法反抗，让别人知道你只是不想打架，并不是笨蛋。

“篮球飞人”乔丹从小所受的家庭教育，可以深刻反映出家庭对子女社会性发展全面、深远的影响。

分析线索：

1. 乔丹的家庭成员各自的社会角色特征和行为特点具有代表性。妈妈负责家务和教育子女；爸爸负责养家糊口，必要时引导子女；乔丹被抚养，要听从家长的教导。

2. 故事表明妈妈是处理家庭关系的高手，她的做法既树立了爸爸在子女心中的威信，又使父母对子女的教育取得一致，还促进了父子间亲子关系的深化。

3. 父母对子女的态度和养育方式，对子女社会性发展的影响是深远的。众所周知，身为体育明星的乔丹一直是“模范青年”。

在家庭环境中，父母与幼儿的亲子关系是幼儿最早建立的人际关系，亲子关系的建立过程和质量，影响幼儿的社会认知，并将长期影响幼儿在社会生活中的人际关系。很多心理学家认为，母亲的态度、情感对幼儿性格形成的影响是关键性的。母亲宽容、民主，则孩子多合作、独立、顺从，人际关系比较好；母亲专制、冷漠，则孩子多攻击性、依赖性强，情绪不稳定，人际关系建立困难；母亲好干涉、支配，则孩子多胆小、幼稚、神经质、被动。有些心理学家指出，母爱是幼儿性格健康发展的必要条件，在幼儿早期，母婴关系是婴幼儿安全感的基础，对幼儿社会化过程有特殊的意义。而在一般家庭中，父亲往往是外部世界的代表，父亲对幼儿的态度和行为表现，能帮助幼儿形成正确的性别认知。无论对男孩还是女孩，父亲与幼儿的交往活动，对其社会性发展和智力发展都会产生重要影响。

知识卡

父母的态度与幼儿的社会化

埃里克森认为，在幼儿社会化过程中，父母的教养方式有两个非常重要的维度：一是对幼儿的接受或拒绝维度，二是对幼儿的控制或允许维度。接受或拒绝是指父母对待幼儿本身和其各种行为所表现出来的情感和态度的反应，控制或允许是指父母对幼儿的管理和监督。根据这两个维度可以组合出四种类型的父母，即权威型父母（接受、控制）、专制型父母（拒绝、控制）、宽容型父母（接受、允许）、放任型父母（拒绝、允许）。不同类型的父母对幼儿社会性的发展有不同影响。调查研究表明，幼儿感觉被父母拒绝、不关心、漠视，是其成年后发生抑郁的重要因素；而幼儿感觉被父母爱护、鼓励、关心，就容易在幼儿时期形成稳定的安全感，比较顺从、少逆反，与人相处融洽，自尊心较强。

（5）社区环境因素

不同社区的人员素质、人员从业状况、物质设施、教育资源、文化氛围和教育水平等多方面因素对幼儿社会性发展的作用不可忽视。例如，长期居住在单元楼中的幼儿，交往能力大多比在“四合院”长大的幼儿逊色，居住在学校附近与居住在商业区周围的幼儿对读书、经商的理解有很大区别。有意思的是，许多喜爱读书、学习成绩优秀的幼儿，其社会交往行为往往比较被动；而上课经常坐不住、学习成绩平平的幼儿，其交往行为更加积极主动，交往能力更强一些。这种现象甚至能持续一生。“孟母三迁”的故事广为流传，说明我国早已认识到社区环境对幼儿一生发展的影响，并在实际生活中有所实践。

（6）大众传媒因素

近年来大众传媒的迅速发展，特别是影音类电子传媒的广泛普及，使得电子传媒成为社会生活中极为重要的一种环境因素，并在幼儿社会化过程中起着特殊的作用。据调查，很多婴儿从出生 2 ~ 3 个月后就开始看电视，婴儿期平均每天看电视的时间为 2 ~ 3 个小时，一些不足 1 周岁的婴儿甚至出现只要睡醒了就得看电视的“行为问题”。

电视可以扩大幼儿的眼界，丰富他们的知识经验，有助于他们了解外部世界，认识社会角色和其应有的社会行为，获得一定的社会生活经验。但是，因为看电视时幼儿是被动接受地单向活动，没有成人陪伴，缺少与其他人的交流，所以经常看电视也给幼儿的社会化发展带来一些负面影响。例如，一部分幼儿表现出明显的语言交流困难、攻击性强、注意力不集中、易激动、睡眠不好等行为问题。有的心理学家和儿科医生称之为“高楼综合征”或“电视综合征”。

3. 活动因素

活动是指个体与环境中各种因素相互作用的过程。幼儿的身心发展是在活动中实现的，幼儿的社会性发展也是在活动中进行的。幼儿活动主要包括生理活动、心理活动（看不见过程，看得见表现和结果）和实践活动。其中，实践活动主要包括生活活动、游戏活动和学习活动。这些活动的内容、时间及活动的参与方式等都会影响幼儿社会性发展的水平、速度，使幼儿形成自己特有的社会性特征。在成人的引导下，通过丰富多彩的活动，幼儿逐渐发展社会认知水平，形成一定的社会情感态度，掌握社会行为规范，形成比较稳定的行为特征，而推动幼儿社会化的动力就是对他的活动产生影响的他人和群体。

三、幼儿园与幼儿社会性发展

幼儿的生活范围主要是在家庭和幼儿园，幼儿园环境是幼儿社会化的一个桥梁，也是影响幼儿社会性发展的关键因素之一。帮助幼儿进行社会化，培养幼儿积极的社会性，也是幼儿园教育的主要任务之一。

1. 幼儿园环境的特点

幼儿园环境无论是物质因素还是精神因素都有别于家庭环境。例如：幼儿园的设施、玩具、建筑设备等是为幼儿专门设置的，更适合他们的发展水平；幼儿园有许多同龄伙伴，大家在幼儿教师的保育、教育下共同活动，是完全平等的关系；幼儿教师是经过专门学习和训练的专业人员，与幼儿的关系不再是血亲关系，而是责任关系，教师对幼儿的爱和引导，更多是理智、客观的；幼儿来到幼儿园，不仅物质环境发生了改变，而且最重要的是人际关系也发生了改变，在集体环境中，他的需要不可能随时随地得到满足。这一切都给幼儿社会性发展造成多方面的影响，特别是幼儿园的人际关系以及文化与心理氛围，是影响幼儿社会性发展极为重要的影响因素。

此外，幼儿园有目的、有计划实施的社会领域教育活动，以及幼儿园周边的环境条件、园舍、活动空间条件、活动设施和玩具教具等，对幼儿社会性发展也有一定的影响。例如，适量的玩具投放有益于幼儿在共同游戏中学会协商、合作，而一个经常处于混乱中的活动空间，不利于幼儿养成有序的行为习惯。

2. 幼儿园精神环境

幼儿园精神环境是指幼儿园里的各种人际关系以及因此形成的文化与心理氛围。一个友好轻松、控制适度、支持性强的良好精神环境，有利于幼儿心情愉快，形成积极乐观的情感态度，学习交往经验，掌握行为规则；而一个冷漠紧张、过于苛求、缺乏支持的精神环境，则可能引发幼儿消极的社会情感和社会行为。

幼儿园的人际关系主要包括教师与幼儿、幼儿与幼儿、教师与教师之间的关系，其中，对幼儿社会性发展影响比较大的是教师与幼儿的关系，以及幼儿间的同伴关系。

（1）教师与幼儿的关系

教师对幼儿和其他人的态度、教师个人的行为特征都为幼儿的社会认知提供了直接的学习内容。由于教师全面管理和照顾幼儿的生活、游戏及其他活动，能利用各种有效的手段向幼儿传授丰富的、有益于幼儿身心发展的各种知识经验，所以教师成为幼儿心目中的权威，他们自觉不自觉地模仿教师的言谈举止、行为方式，其社会性发展受到教师潜移默化的影响。幼儿年龄越小，这种影响越大、越深远。

教师与幼儿的关系是在师幼互动中体现出来的，良好的师幼关系有助于形成并增进幼儿对幼儿园的安全感和归属感，使之能够积极主动地参与各种活动，发展自信心和自尊心，自觉遵守各种行为规范，发展交往能力。反之，紧张、消极的师幼关系不利于幼儿形成积极的社会情感和社会行为。

教师影响幼儿社会性发展的教育行为在师幼互动中主要表现在模仿和辨认、期望和要求、强化态度和行为等方面。

1）模仿和辨认。不同于家庭环境，幼儿园是幼儿成长中第一个比较大的社会环境。幼儿理解社会关系，学习和发展社会活动能力，很多是以教师的态度、言行为榜样。教师在处理不同时间、场合时的态度、言行都可能被幼儿模仿并主动加以理解辨认、重复练习（学习过程带有个体不同的特点即能动性），有些甚至成为幼儿持久的行为习惯。

2）期望和要求。教师对幼儿的期望越高，则要求可能越高。这种期望和要求体现在教师日常对待幼儿的行为举止上，成为幼儿社会情感、社会行为发展的动力或阻力。当期望和要求符合幼儿的水平和发展需要，并比较适度时，幼儿可能朝向教师的期望发展。例如，小班幼儿在入园 2 ~ 3 个月以后，能够在户外游戏时主动排队。但是，当这种期望和要求与幼儿发展水平差距较大时，它对幼儿社会性发展的影响就很可能是消极而持续的。例如：刚入园的小班幼儿不懂得按要求排队时，教师如果情绪急躁、态度不耐烦，就可能使幼儿紧张而拒绝来幼儿园；反之，如果任其随意活动，不加要求和约束，幼儿可能一个学期都不能懂得集体活动时要排队。

4岁的明明拿着一袋饼干在院子里吃，看到邻居家的小妹妹出来，就把饼干递过去请她吃。小妹妹的妈妈问他："明明怎么这么乖啊？"明明回答："老师说好东西要大家分着吃才好吃。"

显然，教师平常对幼儿的鼓励和期待，是幼儿分享行为的主要动因。

3）强化态度和行为。幼儿好奇心强，爱模仿，爱学习，但是缺乏必要的辨别能力。周围环境中新奇、有趣的事物无论是否符合社会行为规范，都可能成为他模仿学习的对象。尤其在某些场合看到新鲜事后，很多幼儿会在幼儿园小朋友面前把事物展示一番，而此时教师对待幼儿行为的态度和处理方式，就会起到积极或消极的强化作用。例如：一名幼儿不小心滑倒，样子很滑稽，也没有造成什么伤害，教师看到后如果笑了，就会有别的幼儿为了逗教师笑而故意摔跤，同时很多幼儿会取笑摔倒的幼儿，这就是一种消极强化；如果教师看到不小心滑倒的幼儿时赶快扶起并轻声安慰，那么别的幼儿再看到摔倒的幼儿时也会赶快去扶起。教师对帮助别人的幼儿微笑、表扬、鼓励，就会巩固这种行为，成为积极强化；教师没有反应，这种行为有可能消失。教师对因好奇模仿而产生的消极行为（如说粗话、攻击等）不做反应，也是一种消极强化。

一名小班教师带领四名幼儿到厨房取本班消过毒的水杯。回班时，教师手捧装满水杯的大托盘走在前面，幼儿跟在她的身后。来到教室门口，她看到教室门是关着的，自己腾不出手开门，又不好在门外大声喊人帮助，就在幼儿面前一脚踢开门，带着幼儿径直走进去，事后也没有向幼儿说明踢门的原因。过了一段时间，有其他教师发现，这个班的很多幼儿经常性地踢门。

（2）幼儿间的同伴关系

同伴关系是人的社会化的一个重要关系。幼儿间的同伴关系是指年龄相同或相近的幼儿之间或心理发展水平相当的幼儿之间在交往过程中建立和发展起来的一种关系，其作用在于发展幼儿的社会能力。它是幼儿满足社会需要、获得社会支持和安全感的重要源泉，有利于幼儿自我概念和人格的健全发展。

有心理学家指出，同伴关系可以弥补亲子关系的缺失，在一定条件下，同伴对幼儿社会化的影响甚至大于家庭的影响。在同伴相互交往过程中，幼儿所处的地位以及他与同伴的关系（如互助、冲突等），对其社会性发展影响很大。同伴交往是幼儿心理的需要，如果不能满足这个需要，幼儿的社会性发展就可能出现很多行为问题，如缺乏交往意识和交往能力，有严重的自我中心意识等。同伴交往对幼儿社会性发展的影响主要体现在以下几个方面：

1）形成积极的社会情感。在同伴交往活动中，平等的朋友关系可以使幼儿体验平等协商、尊重和被尊重、肯定与认可等精神需要，有助于幼儿形成积极的社会情感。与经常被成人控制、要求不同，幼儿之间的交往相对比较平等，多数幼儿在活动中都能获得展示自己的机会，因此可能得到更多“真诚”的鼓励和尊重，年龄越大的幼儿越重视来自同伴的认可。也就是说，同伴的认可和尊重是幼儿良好社会情感发展的“催化剂”，它有助于增强幼儿的社会适应能力。同伴积极热情、开朗活泼或消极被动的性格在活动中的表现也会彼此相互影响。

2）提高社会认知。同伴交往有助于提高幼儿的社会认知，特别是幼儿在交往中往往自觉不自觉地处于不同地位，构成比家庭更复杂的关系，如领导与被领导、指挥和服从等。幼儿在别人对自己的反应中逐渐认识自己，并在与同龄人的共同活动中逐渐克服“自我中心”的心理特征，学会认识和了解他人。同伴交往能使幼儿提高社会认知水平，学习、总结与人交往的经验，努力理解和掌握社会行为规范。此外，来自同龄人的信息更丰富，也更容易被幼儿理解和接受。

3）形成积极的社会行为。在同伴交往活动中出现的互助、合作、助人等行为，以及对待冲突能够彼此商量，以积极的手段加以解决（与其年龄相适应）等行为，都有利于幼儿形成积极的社会行为。幼儿可以在同伴交往中习得许多新的行为方式，提高交往能力，掌握交往技巧。通过别人对自己行为的反应，调整、改变自己的社会行为，以获得同伴的认可和尊重。在此过程中，幼儿为了适应不断变化的环境，就会自觉地调整自己的行为，提高交往能力，掌握更多、更积极的行为方式。

争抢玩具

图片说明：小班幼儿更多独自游戏，教师为幼儿提供的玩具应该尽量数量多、区别小（颜色、形状、大小等相近），以减少幼儿争抢行为。

3. 幼儿园社会教育活动

幼儿园社会教育是指教师根据幼儿园教育目标和一定社会的价值取向，以及幼儿的年龄特点和身心发展水平进行的，以促进幼儿的社会认知、社会情感和社会行为为内容，旨在发展幼儿社会性的所有教育活动的总和。随着幼儿的生活空间由家庭扩大到幼儿园及其他社会教育机构，他们的人际关系更加多样化，他们要尝试并学习适应新的环境和人际关系，这一阶段的社会化将为幼儿一生的社会化过程和水平奠定基础。

有调查显示，进入学前教育机构的幼儿比一直在家庭中成长的幼儿能够更快地适应社会。也就是说，同样是对幼儿施加影响的教育活动，家庭和教育机构对幼儿社会性的发展各有优势，幼儿园社会教育是幼儿社会化的重要途径。相对于环境因素对幼儿社会性发展产生的直接或间接影响，教师有意识、有计划设计和实施的各种社会领域的教育活动，目的明确，针对性强，过程清晰，短期内对幼儿的影响更直接，作用更明显。

小班合作游戏

图片说明：小班幼儿合作能力较弱，适合的材料有助于激发幼儿的合作游戏，有利于幼儿形成愉快、积极的社会情感。

第二节　幼儿社会性发展的内容

选择一种教育就意味着选择了一种社会。

——《德洛尔报告》

幼儿社会性发展的过程和水平，影响个体在社会生活中的生存状态，对个体的生存和发展有着极为重要的影响。同时，个体的生存状态又间接影响整个社会的发展水平和人们的生活质量。对幼儿进行社会教育，帮助幼儿发展积极良好的社会认知、社会情感和社会行为，就是使他们能够感受生命的价值，能够感受生活、创造生活，也是在间接地为建立和谐社会做贡献。

一、幼儿社会性发展内容概述

幼儿的社会化是在幼儿社会性发展过程中逐渐进行的，根据不同的划分标准，幼儿社会性发展的具体内容有所不同。从心理学角度划分，幼儿社会性发展包括社会认知、社会情感、社会行为三个方面；从教育学角度划分，幼儿社会性发展主要指道德品质、学习人际交往的能力、掌握并形成必要的行为规范等。此外，还有一些心理学家从幼儿的社会情感、交往关系和行为等心理发展的行为表现划分幼儿社会性发展的内容。例如，美国心理学家墨森认为，幼儿社会化包括学习社会行为及情绪、对父母等亲人的依恋、气质、道德感、道德标准、自我意识、性别角色、亲善行为、对自我和攻击性的控制、同伴关系等。

道德是在一定社会条件下，人们进行社会活动的共同行为准则的总和，也是评价人们行为的标准。道德体现在个体身上就是道德品质，它可以分为道德认识、道德情感、道德行为和道德意志几个方面，其具体内容与社会性相互融合。幼儿社会教育也是要帮助幼儿形成初步的规则意识和遵守规则的行为习惯，包含了对幼儿进行品德教育的内容。个性是一个人比较稳定的行为特征和心理倾向性的总和，是个人整体的心理面貌。个性和社会性并不是对立的两个方面，而是相互融合、不可剥离的。因此，幼儿道德和幼儿个性的培养都属于幼儿社会性发展的构成要素。

二、社会认知

社会认知包括两个方面：一方面是对社会经验的认知过程本身，即社会认知过程中的心理活动过程，包括观察、记忆、注意、推理、想象等过程；另一方面是经过认知过程获得的社会性知识经验，包括对自己以及周围的人和事物之间各种关系的认识，对不同社会行为、社会角色的理解，对处理、调整各种关系的行为规范的理解和掌握，即自我意识、对社会关系的认识和对社会环境的认识。

一名中班小女孩在幼儿园非常喜欢听教师讲故事，对教师讲故事时的言行举止、班级当时的环境特点都铭记在心。回家后，她把家里所有的鞋子整齐地摆放成半圆形，自己拿小凳子坐在这些“小朋友”（鞋子）面前，绘声绘色地给“小朋友”讲起了教师讲过的故事。

这名幼儿在幼儿园的观察、倾听，是她认知教师行为的过程。回家的游戏，是她模仿教师角色的行为，也是她对教师角色认知经验的体现。而她和鞋子的位置，反映了她对师生关系的理解。把自己和鞋子按照特有的形式摆放后置于封闭的房间里，反映了她对幼儿园这种社会环境的理解。

1. 自我意识

自我意识是人对自己的认识和态度，可以分为自我认识、自我评价、自我体验、自我控制等方面。自我意识是幼儿社会性的核心。幼儿首先从认识他人形成自我认识，进一步产生自我评价和自我体验，进行自我控制与调节，因自我意识而产生社会情感和社会行为。幼儿的自我意识源于对周围各种环境因素的认识和交互作用，幼儿通过与他人的交往活动逐渐发展自我意识。

（1）自我认识

幼儿自我认识发展的基本过程是：首先，认识身体的生理结构和身体器官名称；然后，认识理解自己的年龄和姓名；接着，了解自己的一般情绪和能力；最后，认识自己的性别。

婴儿基本上是物我不分的。1 岁以后，幼儿对自己的身体有了最初的认识，知道眼睛、鼻子、嘴、手、脚等身体器官的名称，开始感觉到手能做的一些简单活动。2 岁时，幼儿还不知道名字是代表自己的符号，他称呼自己的名字如同称呼其他的物体，不能分清主客体。2 岁半到 3 岁间，幼儿开始逐渐使用“我”来取代自称名字，是其自我认识发展的一大飞跃，他终于能把作为主体的自己和周围的客体区分开来，能从头发、衣着等表面事物区分性别，开始了真正意义上的自我认识。此后，他逐渐开始认识自己，知道自己几岁了，自己有什么要求和感受，自己喜欢什么事情，自己能做什么，自己和父母及周围人的关系等，并逐渐形成性别角色和社会角色意识。到5岁左右，幼儿对自己身体和能力的认识增加，对于成人对自己行为要求的理解加深，幼儿就会形成比较明确的、最初步的生理和心理层面的性别角色意识。

教育实例

幼儿的自我认识

下面是一名教师与一名3岁4个月男童的对话。

教师："你是男孩还是女孩？"

男童："我是男孩，我头发长了才是女孩。"

教师："你长得这么好看，头发又长，一定是个女孩吧？"

男童（急迫地）："我妈妈没给我剪头发我才是女孩，今天回家妈妈给我剪头发我就是男孩了。"

教师："哦，你就是头发有点儿长，其实你还是个男孩，是吧？"

男童（长长舒了口气）："是，我回家叫我妈妈给我剪头发，我就是男孩了。"

下面是一名教师与一名5岁10个月男童的对话。

幼儿园刚刚组织幼儿进行体检，一名大班男童捂着手指、靠着教室墙壁哭泣，教师看见后与他有了下面的对话。

教师："小朋友们都抽血了，他们都不哭，你为什么哭啊？"

男童："可疼了。"

教师："女孩都不哭，男孩还哭啊？你到底是男孩还是女孩呢？"

男童（委屈地）："出了很多血呢，她们不疼。"

教师："哎呀，男孩要勇敢呀！"

男童（气愤地）："没扎你！"

从第一段对话可以看出，3岁左右的幼儿对性别角色的认知停留在非常表面的外貌特征上。从第二段对话可以看出，之所以男童最后着急了，是因为他对男孩的性别社会特征已有了初步的认识。

（2）自我评价

幼儿开始了对自己的认识，也就开始了自我评价的学习。幼儿自我评价发展的基本过程是：首先，完全听取成人对自己的评价；然后，听取成人及周围儿童对自己的评价；接着，结合他人的评价进行自我评价；最后，能够完全独立地进行自我评价。

幼儿的自我评价与其认知水平、情绪情感的发展水平密切相关，因此表现出如下特点：

1）依赖性和被动性。多数幼儿还不能对自己做出独立的评价，他们的自我评价主要受成人对他的评价的影响，基本上是成人评价的重复。年龄越小，这种依赖性和被动性越明显。例如，一些幼儿会说“我是好孩子”，当问他“为什么你是好孩子”时，他会回答“老师说的”。

2）表面性和局部性。幼儿的自我评价往往是根据自己某些个别的外部行为表现进行的，不会进行客观、全面、深入的评价。例如，幼儿自我评价“我可勇敢了”，当问他为什么时，他可能说“我打针没哭”。

3）情绪性。幼儿的自我评价往往带有很强的主观情绪色彩，不会比较客观地分析具体事实，所以幼儿对自己的评价往往高于同伴对他的评价，又会随着自己的情绪变化而改变对自己的评价。例如，教师笑着问幼儿：“谁是能干的小朋友啊？”幼儿会争先恐后地向前挤着说：“我。”“我。”“我会唱歌。”“我帮妈妈扫地了。”而在相对紧张的气氛中，如果成人问同样的问题，一部分幼儿会说“不知道”。

随着年龄的增长、认知能力的提高和认知水平的发展，幼儿期末期，幼儿的自我评价开始向独立、客观、全面的较高水平发展。

（3）自我体验

幼儿自我体验发展的基本过程是：首先，形成具体、基本的情绪体验（往往与其生理需要联系更多）；然后，在成人引导下感知某些高级的情感体验（与个人能力联系更多）；最后，明确自己情感体验。

自我体验是在自我认识和自我评价的发展过程中形成的对自我的情绪情感体验，包括基本的情绪体验及高级的情感体验。基本的情绪体验包括高兴、悲伤、快乐、愤怒等，高级的情感体验包括自尊、自信、自爱、自卑、自豪感、内疚感、自我欣赏、道德感、美感、理智感等。

当中班几名幼儿表演节目得到教师的表扬和其他小朋友热烈的掌声时，他们或仰着头，或左顾右盼，都故意放慢脚步或者高抬着腿，慢慢回到自己的座位。

一名小班幼儿午睡时尿床了，他穿着湿的内衣就去参加后面的活动。教师叠被时发现了，当众大声叫他换衣服。这名幼儿红着脸装作没听见，表现出羞愧。

自尊是自我体验的核心，也是一种愉快、积极的自我体验。幼儿期中期，受成人态度的影响和教育，幼儿的自尊心、羞愧感都有明显的发展。大班幼儿的自我体验更加明确，因此产生的自我控制也更加积极。

（4）自我控制

幼儿自我控制发展的基本过程是：首先，外部控制、他律；然后，内部自我控制、自律；接着，向自我控制发展；最后，能使用一些控制策略。

幼儿在初期的自我控制水平很低，其行为过程需要成人的支持。3 岁左右，幼儿多能在没有外界监控的环境中短时间内服从成人的要求，延缓自己要求的行为。4 岁以后，幼儿能在成人提出要求时，尝试用语言调整和控制自己的行为，当成人不断提醒并采取一定的强化手段时，幼儿能按成人的要求适当约束自己的行为，自我控制时间逐渐延长。随着幼儿独立活动能力的增强、语言水平的提高，幼儿的自我控制能力也在不断发展。5 ~ 6 岁时，许多幼儿能够为了满足某些精神需求（如受表扬、得到小红花、参加表演等）而有意识地控制、调整自己的行为，其自我语言的控制也逐渐从外部语言过渡到内部语言。在此过程中，他们不需要成人提示，且能维持较长时间。

教育实例

幼儿的自我控制

某幼儿园为幼儿体检，需要抽取指血化验血红蛋白。虽然教师向他们提出“看谁是勇敢的小朋友”，并且医护人员的经验也很丰富，但多数小班幼儿还是大哭不止。即使教师百般哄劝，他们也充耳不闻地继续哭，直到累了为止。

而大班幼儿则是在排队过程中就互相炫耀“我打针从来不哭”，“上回打针我也没哭”……医生抽血前他们也能神气地看着教师、小朋友和医生。大多数幼儿抽完血会炫耀“我不怕疼”，极少数幼儿在抽血前说“一点儿也不疼”，但抽血过程中或抽完血就“委屈”地哭泣，但他们很少大哭，而且经教师和其他幼儿安慰，很快就能停止哭泣。

2. 对社会关系的认知

尽管幼儿一出生就与周围不同的人存在着多种关系，但是对各种关系的认知，尤其是对复杂关系的认知却是很困难的。幼儿早期心理发展过程中具有“自我中心”的特点，这使得他们认知与自己没有直接关系的其他社会关系就格外困难。幼儿对社会关系的认知表现出以下特点：

（1）认知与生理需要联系紧密

幼儿最早对亲人特别是母亲的认知和依赖，源自母亲给他的各种生理需要和安全感的满足。“有奶便是娘”就是对幼儿社会关系认知特点最形象的写照。以后，生活中接触的人、给他带来满足的人，更容易被他记住。例如，给他巧克力的阿姨比没有送他礼物的叔叔更受他的欢迎。逐渐地，幼儿对周围人的认知随着年龄增长会与精神需要紧密联系起来。例如，幼儿认为妈妈能和他一起游戏比给他做好吃的更重要，对经常夸奖他的成人更加依赖，等等。

（2）认知随着活动范围扩大逐渐发展

随着幼儿生理上的成长，他们的心理世界迅速发展，独立活动日益增强，交往范围不断扩大。从父母到亲戚，从家人到邻居，从家庭到幼儿园，从要求被抱着外出到独自跑出去“串门”，幼儿的社会关系越来越“复杂”，其认知水平也逐渐提高。例如：从知道只能跟妈妈“撒娇”，不能向邻居“要赖”，到知道幼儿园小朋友集体游戏要排队、轮流；从知道妈妈不仅照顾自己还要上班，到知道有很多人上着不同的“班”等。在此过程中，他们对社会关系的认知不断丰富。

3. 对社会环境的认知

社会环境的主要因素是人，其次是物以及各种直接或间接的关系。对社会环境的认知过程离不开对社会关系的认知，个体的成长过程就是从家庭小环境走向更大、更复杂的社会大环境的过程。幼儿的认知水平与他对社会关系的认知水平紧密相连，与其社会生活环境的丰富与否呈正相关关系。

三、社会情感

1. 社会情感概述

社会情感是人们在社会活动中因自己的需要能否满足而产生的主观感受。例如，有人做了一件常人难以想象的事情取得成功，被人们赞扬，他会有强烈的自豪感。有时人们的交往活动更多地就是为了获得积极愉快的情感体验，而不是为了物质上的获取，这说明愉快的社会情感是人们提高生活质量、感受幸福的必需。帮助幼儿在交往中发展积极愉快的社会情感，有助于提高他的交往意识，促进其交往能力的发展，对他们以后感受、创造生活的快乐和幸福有重要的意义。

情感是因个人的需要是否得到满足而产生的主观反应，情绪是这种反应的具体形式和直接体现。但是个人需要能否得到满足在大多数情况下都或多或少地与他的周围环境有关，因此情绪又可以理解为社会情感。

情绪可以分为积极情绪和消极情绪。当个人的需要得以满足时，会产生高兴、快乐、激动等积极情绪；当个人的需要得不到满足时，会产生焦虑、愤怒、恐惧等消极情绪。按照马斯洛的需要层次理论，人在社会生活中能因各种需要的满足与否产生丰富多彩的情绪体验。多种情绪情感的产生与人的社会需要密切相关，情绪情感也是人的社会行为的动因，并影响社会行为的结果。例如，积极情绪往往产生分享、合作、助人等亲社会行为，而消极情绪容易产生拒绝、冷漠、攻击等反社会行为。因此，幼儿社会教育要重视幼儿积极社会情感的熏陶培养。

幼儿对自己和别人情绪情感的表达和了解越主动，他们进入幼儿园和小学后就会越快地适应环境，和小伙伴相处就会更积极主动，也就是说，更容易受到同伴的欢迎。成年后，他们也更加有自信心，有较强的人际交往能力，更善于积极主动地解决各种冲突，这是因为他们有比较强的情绪的自我调节能力，所以具有更强的应对压力的能力，也较少产生心理健康问题。

2. 幼儿社会情感发展的过程

婴儿很早即表现出感兴趣、悲伤、厌恶、惊讶、害怕等原始情绪反应，他们对妈妈欢乐的面孔反应更积极，对面孔快乐的照片注视时间更长、表现更高兴。婴儿在 5 ~ 6 个月开始出现“认生”现象；1 岁左右时，部分婴幼儿会有明显的“忌妒”行为。但是幼儿能表达和谈论自己的情绪感受一般要到 3 岁以后。当幼儿能与家长、教师和小朋友谈论情绪体验时，就开始学会了解别人的情绪感受，这是幼儿情绪情感发展的关键时期。这种了解他人的感受和了解他们为什么会有如此感受的能力，是幼儿社会认知和社会情感发展的重要内容。

（1）逐渐了解别人直接的外在情绪表现

婴儿很早就有同情心的表现，5 ~ 6 个月时，有的婴儿看到父亲假装哭就会跟着流眼泪。8 个月以后，部分婴儿能根据母亲高兴或生气的面部表情做出相应的表情。此后，幼儿逐渐能够从他人直接的外部表情、语言、动作上了解他人的情绪感受，但是这种了解多数只能停留在表面。

（2）情绪情感的社会性成分不断增加

5 ~ 6 个月的婴儿开始“认生”，2 岁大的幼儿听故事《小松鼠找不到妈妈了》就着急、哭泣，5岁大的幼儿会因得不到小红花而生气。这些都说明随着年龄的增长，幼儿产生情绪体验的动因越来越多地来自与外部世界交往的活动过程中。

一个小姑娘在出生后的5个月中，父母抱着她到室外时，不管谁想抱一抱她，她都主动伸手，而且别人逗她时她也很愉快。可是出生5～6个月后，她更多地只要父母抱，拒绝邻居抱她。1岁前后，看到妈妈抱一抱邻居的小孩子，她会气愤地哭闹不止。她的父母对此感到疑惑，怀疑是不是孩子的性格不好。实际上，这体现了婴儿社会认知发展对社会情感发展的促进作用。

知识卡

幼儿情绪动因

有人用与幼儿直接访谈的方法研究幼儿的情绪动因，得出了以下结论：

1. 幼儿高兴的主要动因

（1）受到成人夸奖、表扬。

（2）父母、老师喜欢自己。

（3）小朋友喜欢自己，或者愿意和自己一起玩，自己和小朋友玩得好。

（4）父母带自己出去玩，或者陪自己一起玩乐。

（5）比赛（如拍球、下棋）赢了其他小朋友。

（6）自己的活动取得了成功，如搭成了一样东西或解决了某个问题。

（7）父母给自己买了好吃的东西。

2. 幼儿难过、不高兴的主要动因

（1）受到老师、父母批评、惩罚。

（2）老师、父母不喜欢自己，或者自己惹老师、父母生气了。

（3）老师、父母不允许自己做喜欢做的事，不让自己出去玩。

（4）父母说话不守信用，不给买答应要买给自己的东西，或没办到答应过的事。例如，原来说好周日带自己到公园玩，但后来又不去了。

（5）受到老师的误解或者不公正的批评、对待。

（6）小朋友不喜欢自己，不和自己玩，或者自己和小朋友发生争吵、矛盾。

（7）父母吵架，关系不和。

（8）亲人生病。

（3）逐渐能够表达和控制自己的情绪

幼儿随着自我意识的发展，从了解他人的情绪反应，逐渐发展到了解自己的情绪反应。幼儿开始意识并尝试表达自己的情绪感受，但是他们控制和调整自己情绪的能力一般要到大班阶段才开始展现并发挥作用。

3. 两种重要的社会情感

（1）依恋

依恋是幼儿在成长过程中对给予他照顾最多、联系最紧密的人产生的积极的情感体验，含有依赖、信任。依恋与幼儿自身生活能力水平关系密切，一般在幼儿 1 岁时开始表现明显，2 岁左右达到高峰，依恋对象大多是母亲。之后，随着幼儿活动能力的增强、同伴交往活动的开展，其情感体验逐渐丰富并发生转化。依恋是因幼儿的需要能随时被照管者满足，幼儿与照管者形成比较稳定的关系而产生，它能帮助幼儿产生安全感。这种安全感不断发展，有助于幼儿形成主动、自信、合作、坚持等积极良好的情感和行为特征，影响其一生的社会生活活动。

反之，如果照管者经常更换，或者幼儿的合理需要经常得不到满足，照管者的情感态度不稳定等，幼儿就无法对某一特定对象产生持续的依赖和信任，不能与照管者形成稳定的依恋关系，因而对周围环境缺乏安全感，早期容易出现紧张、退缩、冷漠等精神反应，行为上表现出咬指甲、睡眠不安、回避、秽语、攻击等消极的社会行为。若这种情况一直持续，会影响其成人后的社会交往活动，以至于患上抑郁症等疾病。

（2）分离焦虑

分离焦虑相对依恋而言是一种消极情感，因为与照管者或长或短的分离，幼儿会表现出哭闹、拒绝、回避甚至不吃不喝等消极的行为方式，这主要是因为他们对照管者的离开表现出悲伤、愤怒、害怕等焦虑情绪。

这种分离焦虑在小班幼儿刚刚入园阶段表现最为典型，这一阶段在幼儿园一般称为“接新期”。有经验的教师用搂抱、温柔耐心的诱导，可以使这个时期缩短为 1 ~ 2 周左右；没有经验的教师可能一个月都无法安抚这类幼儿的情绪，有的幼儿甚至要经过 3 ~ 4 个月才能适应，同时经常会有发烧、便秘等生理反应。

经常被动接受更换的照管者，成人对幼儿过于溺爱，照管者情绪不稳定，幼儿的合理需要经常不能及时得到满足等原因，可引起并持续强化幼儿的不安全感和焦虑，使其产生分离焦虑。这种焦虑情感持续发展，会影响个体一生的社会情感、能力和行为，导致个体社会交往能力水平偏低。有研究认为，8 个月前断奶或 2 岁前经常被更换照管者的幼儿，长大成人后多有说脏话、咬指甲、暴躁、冷漠或攻击性强等不受欢迎的行为表现，其社会情感的消极成分更多一些。

知识卡

认识情商

情商是指人的情感智力、情绪能力，主要是理解他人情感、控制自己情绪情感反应的能力。情商具体包括以下内容：

1. 准确把握自己感情的自我认识能力。

2. 理解、推测别人感情的能力。

3. 控制自己感情冲动的能力。

4. 注重事物好的一面，保持乐观态度的能力。

5. 与周围人搞好人际关系的能力（不发生或少发生矛盾和冲突）。

6. 不管做什么都十分有毅力。

现代社会，尽管互联网技术的普及和提高使得人们的直接联系日益减少，但现实生活中却是绝大多数人的工作、生活都要或多或少地与他人发生各种各样的联系。无论在中国还是外国，很多心理学家和社会学家都认为，成功 =20% 的智商 +80% 的情商。换言之，培养积极良好的情绪情感能力，具有较高的情商，是一个人事业有成、生活愉快的极为重要的条件。

四、社会行为

1. 幼儿的交往活动

幼儿的社会行为主要体现在他们的社会交往活动中。幼儿的交往活动因交往对象的不同，可以分为同伴交往以及与成人交往两大类。幼儿在与成人的交往活动中往往处于被动的地位，特别是在幼教机构，由幼儿主动发起的行为不多。有些由幼儿发起的如求助、告状等，其实质依然是以成人为主体。因此，幼儿的社会行为问题主要涉及幼儿之间的交往活动。

同伴是指彼此之间有平等地位的人。即使年龄有差异，幼儿仍然能够调整自己的行为以彼此适应，建立一种相互协作、共同活动的平等的人际关系。积极的同伴交往行为主要有同情、乐群、关心、分享、合作、轮流、谦让、帮助、抚慰，消极的同伴交往行为主要有回避、冷漠、拒绝、争抢、排斥、攻击等。幼儿的同伴交往行为要经历从被动模仿到主动学习、实施的过程，主要是环境影响的结果。

同伴

图片说明：小班幼儿的同伴关系主要就是能“伴”在一起。

婴儿很早就开始了“交往”活动，但真正意义上的同伴交往一般在其 1 岁以后发生。开始，幼儿能够在面对面时摸一摸对方的脸，拿走或递给对方玩具或食物，面对面坐着玩，互相看着对方笑一笑等，这是带有应答性的简单交往行为。此后，随着幼儿年龄的增长，认知水平的不断提高，幼儿的同伴交往活动日渐复杂化，其活动目的、内容、交往方式都日益深化，表现在游戏活动中就是游戏逐渐由简单到复杂。美国心理学家帕顿根据幼儿在自由游戏中的交往关系和程度，把幼儿在游戏中的行为分为无所用心的行为、旁观的行为、独自游戏、平行游戏、结伙游戏、合作游戏六种。

2. 幼儿交往活动发展的特点

（1）交往水平和能力的发展受环境因素影响很大

幼儿的社会行为主要是对他周围环境中的人和事模仿学习而形成。成人如何交流，如何处理事情特别是纠纷，对待环境的反应和态度等，都潜移默化地影响幼儿的社会交往情感和行为。换言之，幼儿出现积极还是消极的社会交往行为，形成什么样的交往习惯，成人的榜样作用和对幼儿行为后果的态度是主要影响因素。

一名幼儿帮助其他幼儿系上背后的衣服拉链，教师表扬了他，并要求受助者谢谢他。接下来的活动中，教师要幼儿拿自己的水彩笔画画。这名幼儿拿自己的笔时顺便帮同桌把笔拿了过来，结果同桌拿笔就画，对他未加任何表示，于是他要求同桌对他说“谢谢”。当他没得到回应时，就去告诉教师：“我给他拿来画笔，他都不谢谢我。”同桌则说："不是我让你拿的，就不谢谢。"于是，这名帮助别人的小朋友夺过同桌的画笔，径直返回放画笔的地方放下画笔。

这件事说明，幼儿之间的交往行为和态度同样会诱发积极或消极的社会行为。

知识卡

高瞻课程模式中的同伴冲突解决"六步法"

1. 冷静接近，阻止伤害性行为

首先，教师应该尽可能冷静接近发生冲突的幼儿，阻止任何伤害性的行为。成人需要克制自己的情感，保持冷静思考，将同伴冲突的发生当成幼儿的一个重要学习时刻。

2. 认可幼儿的情感

如果把幼儿在冲突时所要表达出来的情感比作一个"球"，那么当他们抛出"球"时，教师要接住这个"球"，这就是认可幼儿的情感。

3. 收集信息

这一步最好是在幼儿的情绪平静下来以后进行。教师通过向他们询问来收集有关冲突起因的信息，在询问中，教师要避免向幼儿提问"为什么"的问题，要采用"发生了什么事情"或者"问题是什么"之类的有效提问。

4. 重述问题

重述问题可以帮幼儿澄清细节。

5. 征求幼儿关于问题解决方法的想法

这个过程是整个问题解决过程中最具有创造性的部分。教师要鼓励发生冲突的每个幼儿都积极大胆地思考，说出自己的想法。当幼儿说出自己的想法后，教师要征求其他幼儿的意见。

6. 准备给予进一步的支持

这一步可以帮助幼儿从冲突过渡到玩耍。教师可以使用两种策略。第一种策略是通过一句鼓励性的陈述（如"哇，你们想出了怎么样轮流玩这个小推车啦！"）帮助幼儿意识到他们已经解决了问题，建立他们对解决问题的自信心。第二种策略是在冲突发生后从远处观察，教师需要与部分特别年幼或者受到了潜在伤害的幼儿待在一起，同时避免太过接近，给他们以情感上的支持，让他们内心的恐惧得到进一步的释放。

高瞻课程强调幼儿在冲突解决过程中的参与性，让幼儿亲身参与冲突解决的每一个步骤，逐渐学会自己解决冲突。

（2）个性特征影响交往能力发展

幼儿自身的个性特征会影响他与周围人的交往行为。交往行为与社会情感密切联系，幼儿的气质、性格、能力等会影响他在与人交往时受欢迎、被关注的程度，进而影响其交往活动的结果，并反过来又影响他的社会情感。研究证实，幼儿的性格及与照管者的互动关系，对其一生交往活动中态度、行为表现、交往能力的发展影响深远。因此，培养交往能力时，一定要注意培养幼儿积极的性格因素。

（3）交往水平和能力随着其社会环境扩大、活动内容丰富而逐渐发展

为了促进幼儿交往能力的发展，教师要为幼儿提供充分的交往机会，满足幼儿自主活动的时间、空间和材料的需要，重视幼儿间冲突解决过程的影响。

幼儿社会行为的发展很明显受到环境因素的影响，特别是各种人际关系的良好交往质量，成人对幼儿良好的态度、照顾、引导等，都是帮助幼儿发展积极社会行为的必要条件。需要注意的是，幼儿对行为动机的认识受其心理发展水平的限制，他们对自己和他人的行为和行为动机的认识还停留在表面。如果幼儿成长早期环境不利，很可能导致其产生退缩、攻击、说谎、破坏等消极的社会行为。

教育实例

皮亚杰讲故事实验

皮亚杰给幼儿讲了两个故事。

故事一：约翰听到妈妈叫他吃饭，便来到饭厅。他不知道门后有一把椅子，椅子上有一个大托盘，托盘里放有 15 个水杯。结果他推门碰倒了椅子，托盘里的 15 个杯子掉到地上摔碎了。

故事二：亨利的妈妈不在家，他想吃橱柜里的果酱，便爬上椅子去拿果酱。但是果酱放得太高，他够不着。他一使劲，结果碰倒了旁边的杯子，杯子掉到地上摔碎了。

皮亚杰讲完故事，请幼儿想办法帮助父母公平地惩罚孩子，说一说谁的错误更严重。结果是：5 岁的幼儿根本不能做出比较；6 ～ 8 岁的幼儿认为，亨利才打碎 1 个杯子，而约翰打碎了 15 个杯子，所以他更坏；9 岁以上的幼儿认为，亨利更坏，因为约翰不知道门后有椅子，是无意中打碎了杯子，而亨利是趁妈妈不在家偷吃果酱打碎了杯子。

下面是皮亚杰与一名6岁幼儿关于这个故事的对话：

皮亚杰："这个故事你听懂了吗？"

幼儿："听懂了。"

皮亚杰："约翰干了什么？"

幼儿："他打碎了15个杯子。"

皮亚杰："亨利呢？"

幼儿："他不小心打碎了1个杯子。"

皮亚杰："亨利怎么会打碎杯子呢？"

幼儿："因为他笨手笨脚，拿果酱的时候，杯子掉了下来。"

皮亚杰："这两个孩子哪个更淘气？"

幼儿："约翰。"

皮亚杰："为什么是他？"

幼儿："因为他打碎了15个杯子。"

皮亚杰："如果你是他们的爸爸，你会对哪个孩子惩罚得更严重一些？"

幼儿："打碎15个杯子的那个。"

皮亚杰："他为什么会打碎15个杯子呢？"

幼儿："门关得太紧了，椅子被撞倒了。"

皮亚杰："那么亨利呢？"

幼儿："他想拿果酱，手伸得太远，杯子被打碎了。"

皮亚杰："他为什么要拿果酱呢？"

幼儿："因为他只有一个人，他妈妈不在家。"

这个实验充分说明，幼儿的社会认知水平影响其社会行为的产生和评价，进一步说明心理发展的水平影响其社会性发展。同时，教师要思考，当幼儿发生消极的社会行为时，一定要根据他的发展水平进行适当的引导，避免过多地讲道理。

知识卡

攻击性行为

攻击性行为是一种消极的社会行为，它不同于因为受到攻击而表现出的自我保护的行为，也不同于类似小动物练习生存本领时表现出的扑、抓、争夺等本能行为。这里所说的攻击性行为是指有意使他人难受和伤害他人的行为，轻者表现为语言伤害，重者表现为肢体冲撞或借助工具攻击。一般所说的幼儿攻击性行为主要是抢夺、咬、抓、打等肢体冲撞行为，是一种消极的、无法取得良好效果的交往行为。当幼儿交往中出现矛盾时，因为他们解决问题的能力有限，所以难免表现出攻击行为。当攻击行为反复出现并形成习惯，就成为攻击性行为。这也是个体社会性的一个特点，主要与成人对幼儿偶尔出现的攻击行为的漠视、纵容等态度有关。这样的交往行为显然不利于幼儿的社会化过程，需要周围成人加以引导、教育甚至必要的矫治。

攻击性行为的产生原因有很多，但是更多地与偶然出现的攻击行为没有及时受到恰当的引导而得到负强化有关，很多也是家庭教育错误而致。因此，幼教机构对幼儿攻击性行为的纠正一定要取得家庭的配合。

思考·练习

一、简答题

1. 北京市对数千名幼儿园教师的调查中有这样一个问题："你在工作中最大的困惑是什么？"85% 以上的教师选择的是："孩子的自私、任性不知能否纠正过来。"请根据本章知识分析这些教师的困惑，并分析讨论如何帮助这样的幼儿发展积极的社会情感和社会行为。

2. 社会性对人的生存具有什么样的作用？为什么幼儿社会教育是幼儿全面发展教育中极为重要的一部分？

二、分析判断题

下面哪些是幼儿社会认知的表现，哪些是幼儿社会行为的表现，哪些是幼儿社会情感的表现？

1. 清晨在幼儿园门口不停地哭泣。

2. 饭前唱着《洗手歌》洗手。

3. 主动问实习教师："你是临时的吧？"

4. 一边抹眼泪一边说："我不哭，我很勇敢。"

5. 看到小朋友没有拿到新玩具，主动说："我们一起玩吧。"

6. 在公园里摔倒了，妈妈怎么哄都不行，还是不停地哭泣。

其中，属于幼儿社会认知表现的是________________，属于幼儿社会行为表现的是________________，属于幼儿社会情感表现的是________________。

三、实践练习题

1. 尝试对自己的社会性发展水平进行简单、客观的分析。

2. 结合幼儿园见习，分析所在班级幼儿同伴关系发展的水平，并尝试引导幼儿在游戏活动中提高交往水平。

第二章 幼儿社会教育概述

学习目标

- 了解幼儿社会教育的特点。
- 理解幼儿社会教育的目标，能够在幼儿社会教育活动中准确分解目标。
- 掌握幼儿社会教育的主要内容。

幼儿社会教育的根本目的就是培养幼儿积极向上的社会情感和态度，使其习得良好的社会交往行为，为其后续社会化发展奠定基础。幼儿社会教育目标是幼儿教育总目标在社会领域的具体化，它指明了幼儿社会教育所要达到的预期效果。幼儿社会教育的内容是指由幼儿教育机构传授，帮助幼儿形成良好社会性的方法的总和。实施有效的幼儿社会教育，一定要全面、科学地理解和掌握幼儿社会教育的目标和内容。

幼儿户外活动

图片说明：与自然亲密接触中的集体活动，对幼儿积极社会情感的影响是长远的。

第一节　幼儿社会教育的特点和意义

一、幼儿社会教育的特点

幼儿社会教育是幼儿全面发展教育的一部分，实施幼儿社会教育一定要根据幼儿教育的目标，充分了解幼儿的发展水平、学习方式和特点，结合幼儿社会教育的特点，只有这样才能有效促进幼儿的社会性向积极的方向发展。

1. 生活性与实践性

幼儿社会教育的目的和内容体现了生活的必要性、真实性和社会性。无论家人多么疼爱子女，幼儿都要自己在生活中成长，无人能够替代他的生活过程和体验。无论环境条件如何改变，目前的社会环境下，没有任何虚拟化的东西可以替代幼儿的生活。幼儿的生活不能彻底脱离与他人的直接或间接的联系，必须自己经历真实的社会生活。幼儿社会教育应以培养幼儿理解掌握进行社会生活的知识经验和技能，培养幼儿感受社会生活的情趣态度和能力以及培养幼儿独立生活的能力为目标。幼儿社会教育的内容与幼儿的实际生活紧密相连，既有利于幼儿的学习，又是幼儿发展所必需的。

2. 渗透性与体验性

以生活为目标的幼儿社会教育是渗透性、体验性的。幼儿教育的各领域内容和途径都可以相互渗透。教师进行幼儿社会教育时，要善于发现和挖掘幼儿日常生活中的教育内容和契机，充分利用不同形式教育活动的教育作用，使社会教育渗透于幼儿一日生活的各个环节中。教师要提高教育的敏感度，重视日常生活中随机的教育，创设环境条件，使幼儿在日常生活中顺利进行社会化。

3. 启蒙性与全面性

幼儿生理、心理发展的水平和特点以及幼儿社会化的任务，决定了幼儿社会教育的启蒙性。这就要求幼儿社会教育的内容是浅显、基础的，容易被幼儿理解，能够为其一生的发展打好基础。

幼儿的社会性发展包括幼儿的社会认知、社会情感、社会行为等多方面的发展，幼儿社会教育是为幼儿全面发展打基础的教育。幼儿社会教育的内容具有全面性，包含了幼儿日常生活的方方面面。

由于幼儿社会教育具有以上特点，所以教师不仅要重视有计划进行的显性集体教育教学活动，更要重视日常生活对幼儿社会性发展不可替代的作用。

二、幼儿社会教育的意义

幼儿阶段是人生的最初阶段，也是身心发展的基础阶段。社会化过程伴随人的一生，幼儿阶段的社会性发展和社会化水平会深远地影响幼儿将来的社会生活和学习工作。

社会性发展贯穿于人的一生，每个人在不同年龄阶段、不同社会环境都有不同的发展方向和要求。幼儿的社会性发展很快，实现社会化是幼儿经过社会学习的结果。从幼儿的身心发展水平出发，帮助幼儿进行有效的社会学习，是幼儿社会教育的任务，它的意义主要表现在以下几个方面：

1. 帮助幼儿形成正确的价值观

幼儿社会教育的过程是帮助幼儿形成正确的价值观的过程。通过社会教育，幼儿可以理解掌握一定社会环境中基本的价值观念（如诚实、努力、责任等），又能在幼儿园的日常活动特别是游戏活动中习得一些社会生活必需的价值观（如合作、分享、轮流、协商等）。通过教师的适当引导，幼儿这些正确的价值观在幼儿园的生活中得以练习、巩固。例如：教师通过组织教学活动“小羊过桥”，引导幼儿理解日常活动中互相礼让的必要性；在生活环节如洗手时，提醒幼儿进出盥洗室互相礼让，避免碰撞；教师还可以在户外游戏中设置一定条件，组织多人共同活动，让幼儿感受到礼让给他们带来的便利和快乐。

2. 帮助幼儿形成积极的社会情感

一个轻松友好、控制适度、支持性强的社会环境，有利于幼儿产生愉快的心情，形成积极乐观的情感态度。良好的师幼关系有助于幼儿形成并增进对幼儿园的安全感和归属感，使之能够积极主动地参与各种活动，发展自信心和自尊心，自觉遵守各种行为规范，发展交往能力。而一个冷漠紧张、过于苛求、缺乏支持的环境，则可能引发幼儿消极的社会情感和社会行为。只要教师提供适宜的机会和玩具材料，幼儿很容易自动自发地与同伴进行丰富多彩的活动，这样的活动能给幼儿带来积极的情感体验。

教师与幼儿、幼儿与同伴之间互动

图片说明：轻松友好的环境更可能产生愉快的情感体验。

3. 使幼儿社会化过程更加顺利

实施幼儿社会教育的过程，也是教师引导幼儿学习和掌握正确的社会知识、技能及良好的行为规范，发展幼儿积极的社会性的过程。幼儿在日常生活中不断重复和练习，一边习得，一边发展，其社会化过程会更加顺利。

第二节　幼儿社会教育的目标

一、幼儿社会教育目标的具体内容

1.《幼儿园工作规程》中的幼儿社会教育目标

教育部颁布的《幼儿园工作规程》提出的幼儿社会教育目标是，萌发幼儿爱祖国、爱家乡、爱集体、爱劳动、爱科学的情感，培养诚实、自信、友爱、勇敢、勤学、好问、爱护公物、克服困难、讲礼貌、守纪律等良好的品德行为和习惯，以及活泼开朗的性格。

2.《幼儿园教育指导纲要（试行）》中的幼儿社会教育目标

教育部颁布的《幼儿园教育指导纲要（试行）》（以下简称《纲要》）提出幼儿社会教育的目标如下：

（1）能主动地参与各项活动，有自信心。

（2）乐意与人交往，学习互助、合作和分享，有同情心。

（3）理解并遵守日常生活中基本的社会行为规则。

（4）能努力做好力所能及的事，不怕困难，有初步的责任感。

（5）爱父母长辈、老师和同伴，爱集体、爱家乡、爱祖国。

幼儿社会领域的教育旨在促进幼儿的社会化，使幼儿从出生时的自然人成为逐渐适应社会生活的社会人，在此过程中发展其社会性。《纲要》中提出的社会领域教育目标就是要通过社会领域的各种教育活动，帮助幼儿与周围人交往，与周围环境相互作用，引导幼儿逐渐将现行的各种社会规范和价值标准内化，以逐渐形成参与社会生活的能力，并且能够逐渐在社会中独立生存，不断发展。这充分体现了教育的根本目的，就是通过教育使个体成为能够适应社会、参与社会生活、在社会中独立生存和发展的成熟的人。

二、幼儿社会教育目标的分解

《纲要》提出了幼儿社会领域比较宏观的教育目标，但是其最终能否实现还需要幼儿教师深入理解后层层分解，将之具体化为可操作的子目标，并作为进行教育活动的依据，这样才能保证幼儿社会领域的学习和发展指向《纲要》所提出的目标。

2012 年，教育部印发《3–6 岁幼儿学习与发展指南》（以下简称《指南》），对《纲要》提出的幼儿园教育五大领域的目标从内容和幼儿年龄阶段等方面进行分解，并对幼儿园教育提出相应的建议，对幼儿园教师的工作提供了更加具体的指导和帮助。

《指南》将幼儿社会领域学习和发展目标分解为人际交往和社会适应两个子领域。人际交往和社会适应是幼儿社会学习的主要内容，也是幼儿社会性发展的基本途径。幼儿在与成人和同伴交往的过程中，不仅在学习如何与人相处，也在学习如何看待自己、对待他人，不断发展适应社会生活的能力。

《指南》从交往态度和技能、社会认知和行为等方面对上述目标做出进一步分解。人际交往的细分目标包括：①愿意与人交往；②能与同伴友好相处；③具有自尊、自信、自主的表现；④关心尊重他人。社会适应的细分目标包括：①喜欢并适应群体生活；②遵守基本的行为规范；③具有初步的归属感。

《指南》又对上述七个目标分别提出 3 ~ 4 岁、4 ~ 5 岁、5 ~ 6 岁三个年龄阶段幼儿人际交往、社会适应发展的具体目标和教育建议。

下面是某幼儿园教师根据《指南》分解设计的幼儿社会教育活动发展目标的部分内容。

1. 小班社会教育目标

（1）自我意识

1）了解自己的基本信息，能感受自己与他人的不同。

2）能主动表达自己的需求、喜好、意愿、想法与情绪情感，萌发自信心。

3）能自己选择活动，自己的事情自己做，发展初步的独立性。

（2）人际交往

1）了解自己父母的基本信息，能体会到父母和亲人对自己的照顾和爱。

2）了解和认识自己的老师和同伴，喜欢与他们交往。

3）掌握一些基本的文明礼貌用语，有礼貌地与人交往。

4）乐意与同伴共同游戏和活动，能友好相处，不争抢玩具。

（3）社会适应

1）了解自己的家庭情况和家庭成员的职业。

2）熟悉幼儿园和家庭周围的环境，逐渐适应幼儿园集体生活，在集体生活中保持心情愉快。

3）知道幼儿园一日生活常规和活动规则，在教师引导下能遵守各项规则，爱护公物。

4）初步了解基本的交通安全规则和公共卫生规则，并能在成人引导下遵守这些规则。

2. 中班社会教育目标

（1）自我意识

1）知道自己和他人的不同，能从某些方面评价自己。

2）能主动表达自己的需求、喜好、意愿、想法与情绪情感，并能在教师引导下尝试调节和控制自己的情绪。

3）知道自己的优点或长处，初步发展自信心。

4）能按自己的想法进行一些活动，自己的事情尽量自己做，尝试自己解决问题，发展独立性、坚持性和自制力。

（2）人际交往

1）了解、认识自己的亲人、朋友以及与自己的生活有关的其他人。

2）能注意到他人的情绪变化，对他人表示关心和体贴。

3）能准确使用各种常用的文明礼貌用语，有礼貌地与人交往。

4）在教师的指导帮助下，能与他人合作、分享，学会轮流、等待和谦让。

5）在教师的指导帮助下掌握与人交往的方法，尝试解决同伴之间的冲突。

（3）社会适应

1）能主动参加集体活动，并愿意发表自己的意见。

2）愿意与家长一起参加社区的集体活动。

3）喜欢自己所在的幼儿园和班级，积极参加集体活动。

4）能说出自己家所在地行政区划名称，知道当地有代表性的物产或景观。

5）知道自己是中国人，奏国歌、升国旗时能自动站好。

6）知道接受任务要认真完成。

7）知道并且能够遵守公共场所的多种规则。

8）在成人引导下有节约的意识和行为。

3. 大班社会教育目标

（1）自我意识

1）能较为客观地评价自己和他人。

2）能尝试调节和控制自己的情绪和言行。

3）能主动参与各项活动，积极展示自己的优点或长处，发展自信心和自尊心。

4）学习独立解决困难，坚持完成任务，发展独立性、坚持性、自制力、抗挫折能力及任务意识。

（2）人际交往

1）增进对不同社会成员的了解与认知，接纳、尊重与自己不同的人。

2）能关注他人的情绪和需要，并能给予他人一些力所能及的帮助。

3）有自己的好朋友，也喜欢结交新朋友。

4）能与同伴合作、分享、互助，学会轮流、等待、谦让。

5）能自主协商解决同伴交往冲突。

6）能倾听接受别人的意见，不接受时会说明理由。

（3）社会适应

1）能主动帮助父母和老师做一些力所能及的事情，发展初步的集体意识、归属感和责任感。

2）理解规则的意义，能与同伴协商制定游戏和活动规则。

3）爱惜自己和他人的物品，有初步的环保意识与节约资源的意识。

4）能认真负责完成自己所接受的任务，初步培养诚实、守信等良好的品德。

5）了解不同职业的工作内容及其与人们生活的关系，学会尊重和爱惜他人的劳动成果，初步发展对劳动者的热爱和尊重之情。

6）增进对各种社会机构、设施与标志的了解与认知。

7）进一步了解家乡，养成爱家乡的情感及对家乡的归属感。

8）了解国家的一些重大事件、成就，初步培养对祖国和各民族的热爱之情。

9）初步了解世界其他一些国家、民族的文化，萌发对世界文化的兴趣。

三、实现幼儿社会教育目标应注意的问题

幼儿有与生俱来的好奇心和求知欲，是天生的学习者和冒险家。他们喜欢学习各种生活经验，容易接受多种交往活动，并在活动中发展社会性。在与环境积极主动相互作用的过程中，他们模仿、学习着周围生活中一切新奇的事情。无论这些经验是积极的还是消极的，也无论成人是否希望他去模仿学习，只要他感兴趣，就要反复尝试、练习，直到掌握这方面的经验。成人的正确引导、鼓励、尊重和明确的规范，有助于幼儿掌握积极、正面的社会生活态度、情感、能力。教师就是幼儿社会性发展的支持者、引导者、合作者，是实现幼儿社会教育目标的重要保证。实现幼儿社会教育目标应注意以下几个问题：

1. 应有明确的教育目标意识

目标就是人们活动要取得的结果。因为有目标，活动的目的性、计划性才更明确，才更可能得到最好的活动结果。幼儿社会领域的教育目标能否真正落实到幼儿的发展，最终要通过教师组织的各种教育活动、提供的发展环境才能得以实现，因此教师一定要有明确的教育目标意识，以便创设有利于幼儿社会性发展的环境，有目的、有意识地组织教育活动，并随时注意自身态度、言行对幼儿潜移默化的影响。

幼儿社会性发展与日常生活的结合，是幼儿在各种教育活动和游戏过程中，在与同伴、师长进行多种交往活动过程中逐渐发展起来的。明确的教育目标意识一方面体现在教师在有目的、有计划地组织教育活动的过程中，能够明确在教育活动中可能影响幼儿有关社会性发展的具体内容，采用有效的教育方法，有针对性地做好教育引导工作；另一方面体现在教师善于在幼儿一日生活的各个环节，能够敏锐地发现并捕捉各种教育机会，促进幼儿在社会认知、社会情感态度和社会行为等方面的发展。特别是由于幼儿对各种行为规范的理解和掌握离不开具体生活活动，并要在实际交往等社会行为中反复练习，所以教师在幼儿社会教育方面要注重生活活动的影响，在一日生活活动中保持清晰的教育目标意识。

幼儿社会教育活动案例

1. 活动名称

拔萝卜（小班）

2. 活动目标

（1）幼儿理解合作的力量大，懂得互相帮助的好处。

（2）幼儿能感受力所能及做事情的快乐。

（3）幼儿知道每个人都有能力帮助别人。

3. 活动准备

准备若干提线木偶，角色包括老人、孩子、小狗、小猫、小老鼠。教师应能进行简单的木偶表演，或用贴绒教具演示。

4. 活动过程

（1）教师播放《拔萝卜》歌谣，请幼儿观看木偶表演。表演前教师提问："谁种的萝卜？有谁来帮助老爷爷和老奶奶拔萝卜了？最后大家吃到萝卜了吗？"

（2）教师慢速表演，通过语音变化提示幼儿注意不同角色。

（3）教师就主要环节和角色提问，同时展示角色木偶，组织幼儿就上面问题讨论表演内容。

（4）幼儿在教师的帮助下分角色表演。

5. 活动分析

教师组织幼儿观看表演的出发点要明确，选择木偶表演进行社会教育是因为幼儿对木偶表演的形式感兴趣，表演的人物和内容又是幼儿熟悉并容易理解的，使幼儿能在感受快乐的同时接受其中的社会教育信息。

幼儿讨论过程可以培养幼儿交往的技能，例如，互相尊重，别人说话时要认真听，集体场合要轮流发言，敢于在大家面前表达自己的真实感受和想法。

2. 合理分解目标

为确保实现幼儿社会教育目标，教师一定要结合本班幼儿的实际发展水平和特点、幼儿的不同兴趣需要等个性特点，将总目标逐层分解，最终落实到每个幼儿在不同阶段的发展水平上。分解目标时应注意以下几个方面：

（1）分解目标要逐渐具体化，目标层次之间要相互联系

分解目标时要使上级目标指导下级目标，下级目标成为上级目标的具体化内容，各层次之间形成紧密的塔状结构，确保幼儿社会教育目标经过逐层分解，能够指导教育活动的进行，以实现幼儿社会性的积极发展。

分解目标可以从两个角度进行。一是从时间角度分解目标，教师可以将《纲要》提出的幼儿社会领域学习和发展目标逐渐具体化为学年目标、学期目标、月目标、周目标、日目标及活动目标。二是从教育范围角度分解目标，教师可以将总目标具体化为本幼儿园目

标、班级目标、单元活动目标和具体活动目标（幼儿个体发展目标），如下图所示。

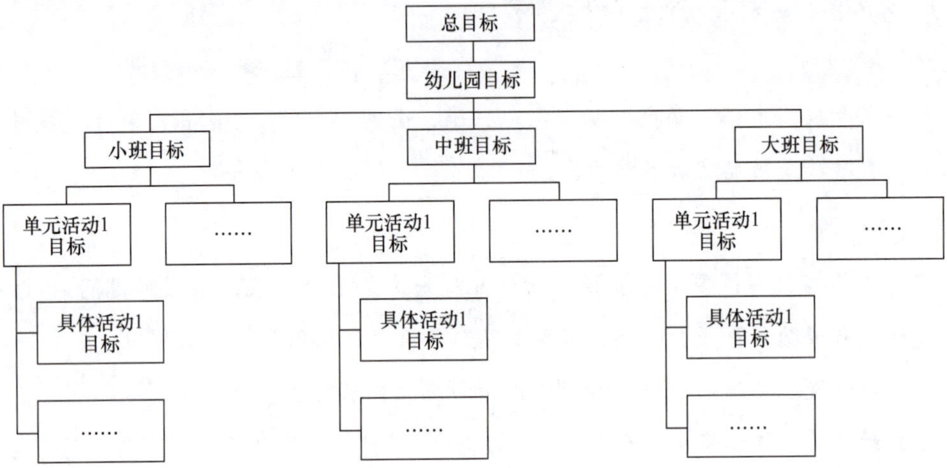

从教育范围角度分解目标

例如，下表是对某一社会教育活动目标的分解。

某一社会教育活动目标的分解

目标层次	具体目标
总目标	能主动参与各项活动，有自信心
分类目标	“自我意识教育”中有关“自我体验”部分的教育目标
年龄阶段目标	小班：能在教师引导下参与各项活动，为自己的好行为或取得的成绩感到高兴，萌发自信心
	中班：知道自己的一些优点或长处，并能在教师引导下展示这些优点或长处，初步发展自信心
	大班：能主动参与各项活动，在活动中积极展示自己的优点或长处，做了好事或取得成绩后还想做得更好，发展自信心
活动目标	小班：能在大家面前大胆介绍自己，说出自己的名字、性别、喜好等基本信息
	中班：能在教师引导下说出并展示自己的优点或长处，在展示的过程中体验成就感，初步发展自信心
	大班：知道每个人都有不同特点，学习欣赏他人的独特性；知道自己的特点和优点，能在活动中积极主动地表现自己的优点，喜欢和接纳自己

（2）注意目标的连续性和一致性，以及与其他教育活动发展目标的联系

分解教育目标要与幼儿发展的规律紧密联系，注意幼儿发展的连续性和阶段性。用目标指导教育过程的意识要贯穿于整个学前阶段的各种活动中，要注意年、月、日间的一贯联系。幼儿的发展是整体性的，幼儿社会化的过程与幼儿生理、智力等方面的发展水平密不可分。因此，教师既要注重每日各种活动间的相互影响，使社会教育目标渗透到其他的教育活动中，又要注重社会教育对幼儿身心发展的影响，充分挖掘每日活动的整体教育作用。

3. 采取科学有效的教育活动方式

为了实现幼儿社会领域的教育目标，教师需要根据目标选择适合幼儿理解水平、符合幼儿兴趣需要的具体内容，结合社会教育的特点，采取相对科学有效的教育活动方式，使教育过程始终指向《纲要》所制定的社会教育目标，确保促进幼儿的社会性向积极、正面的方向发展。

《纲要》在社会教育的“指导要点”中提出：“幼儿社会态度和社会情感的培养尤应渗透在多种活动和一日生活的各个环节之中，要创设一个能使幼儿感受到接纳、关爱和支持的良好环境，避免单一呆板的言语说教”，“应为幼儿提供人际间相互交往和共同活动的机会和条件，并加以指导”，幼儿园、家庭和社会“要密切合作，协调一致，共同促进幼儿良好社会性品质的形成”。

选择教育活动方式时应注意以下几个问题：

（1）要提高幼儿学习的主动性和积极性

幼儿社会性发展不仅仅是在教师组织的活动过程中实现的，在一个使幼儿感受到接纳、关爱和支持的良好环境中，幼儿因感觉愉快而自觉自愿地接受教师的影响，并且愿意为这样的环境约束、调整自己的行为，模仿受到成人鼓励的榜样的行为。教师为幼儿提供一个良好的社会环境，能有效地提高幼儿学习的主动性和积极性，使之在生活中理解并反复实践练习，以掌握必要的社会行为准则、规范和交往技能。这种接纳、关爱和支持的环境，对幼儿能起到“润物细无声”的心理暗示作用，是进行社会教育的重要途径，也是实现教育目标的重要保证。例如，要让幼儿学会爱教师和同伴，教师首先要让他感受到被爱。单一的言语说教不符合幼儿的心理发展特点，结果可能使幼儿成为“言语的巨人、行动的矮人”，也可能造成幼儿的逆反情绪，应尽可能避免。

（2）要给予幼儿充分的自主活动机会

社会性发展一定是在社会活动中实现的，离开了同伴交往，幼儿不会懂得按秩序轮流玩滑梯，不会得到分享的快乐，也无法学会通过协商进行“娃娃家”游戏。因此，教师要合理安排幼儿在园的一日活动，给他们充分的自主活动机会，让他们自主安排活动内容，选择交往伙伴，为确保活动顺利进行而商定规则，尝试自己解决活动中的矛盾和冲突。教师要给幼儿一定的时间和空间，使他们能够在交往过程中自觉掌握交往技能，学会理解别人。在幼儿的自由活动时间，教师并非完全不加以指导，而是要以适当的身份在恰当的时机给幼儿以巧妙的建议、讲解等支持。

（3）要与家庭、社区紧密结合

幼儿的社会化过程受到其周围各种环境因素的影响，因此幼儿园的社会教育一定要与家庭、社区紧密结合，否则会导致幼儿园的社会教育成为“无用功”。例如，教师教育幼儿要谦让，不要打架，但是有些家长却对幼儿说：“别人打你，你就使劲打他，不然你就吃亏了。”对此，教师应对家长做相应工作，让家长明白发展孩子良好社会行为和品质是他一生幸福的源泉。在此基础上，引导幼儿协商和相互配合，掌握积极处理问题的态度和技能。

（4）要因人而异

为了使幼儿社会教育的针对性更强，短期内能起到预期的作用，保证达到某个具体教育活动的具体目标要求，教师组织专门的集体教育活动时，一定要根据幼儿的心理发展水平和兴趣需要、教育内容的特点以及当时当地的具体条件，采用恰当的活动方式和教育手段。例如，如果用移情的方法帮助幼儿理解他人，或是只用语言设定情境让幼儿通过想象体验别人的感受，对小班幼儿就很难奏效。同样，让大班幼儿通过观看木偶表演“拔萝卜”理解团结力量大的道理就显得过于浅显，难以激发幼儿产生印象深刻的情感体验。

第三节　幼儿社会教育的内容

幼儿的社会性发展主要包括社会认知、社会情感和社会行为三个方面的内容，幼儿在其社会活动中又表现出明显的个性特征，因此幼儿社会教育应包括形成积极良好的社会认知、社会情感、社会行为和个性等方面内容。

一、社会认知教育

幼儿的社会认知是在社会交往活动中发展的，社会认知所获得的经验会影响幼儿的交往行为。幼儿的社会认知受到其心理发展水平的限制，具有表面性、主观性，需要成人给予充分的发展支持和引导，以帮助幼儿得到正面、积极的社会知识经验。

1. 自我意识教育

自我意识是对自己的认识。幼儿是天生的哲学家，他们经常提出“我从哪里来?”

“为什么我是男孩子（女孩子）?”等问题，渴望了解自己的一切。教师进行教育时应因势利导，引导幼儿认识自己，并逐渐学会比较客观地进行自我评价，发展自尊心、自信心。自我意识教育包括以下内容：

（1）使幼儿认识自己的表面特征

教师应引导幼儿了解自己的身体、外貌、喜好等基本特征（包括性别自认），如知道“我用眼睛看东西”，“我是男孩子”，“我喜欢恐龙”，“我的手比妈妈的手小”。

（2）使幼儿认识自己的优缺点

教师应引导幼儿学会发现自己的优缺点，并且接纳自己。例如：知道“我能自己穿衣服，不会把扣子系错”，“我吃饭不掉米粒”，“我跑得太慢了”；知道人都有各自的优点和缺点，都会犯错误，犯错误改正了就是好孩子。

（3）使幼儿了解自己的情绪反应，初步学会控制自己的情绪

教师应引导幼儿知道人们更喜欢与活泼开朗、不爱生气的小朋友交往，让幼儿知道遇到一些事情时，人们有高兴、生气等情绪反应是正常现象，但是要用合理的方式表达出来，并初步学会控制消极情绪的简单办法（如唱歌、运动等）。

（4）使幼儿了解并敢于表达自己的感受、想法

教师应引导幼儿遇到不清楚的问题时敢于大胆提问，要给幼儿表达的机会，避免过分重视教师对幼儿的教育而忽略幼儿主动发展的现象。教师要意识到，幼儿在教师直接指导下的“接受学习”与幼儿在环境活动中的“发现学习”对幼儿社会认知、社会情感和社会行为的发展同样重要。

（5）使幼儿逐步学会比较客观地进行自我评价

教师应引导幼儿看到自己的优点，同时也能接纳自己的不足，给自己客观的评价。例如，“我吃饭比小朋友慢，但是我很会讲故事。”“我会唱很多歌，我晚上能自己睡觉，我是个好孩子。”幼儿越是能够给自己比较客观、公平的评价，他的自尊心、自信心发展水平越高。

（6）使幼儿形成最初步的对自己行为负责的意识

教师要给幼儿自主安排活动、选择同伴的机会，使其学会独自选择活动内容、形式，以促进幼儿独立性、自主性的发展。

2. 对周围人的认知教育

（1）使幼儿了解父母等亲人的工作和工作场所

教师应引导幼儿感受生活中父母等亲人对自己的爱（有条件的应让幼儿到父母的工

作场所看一看)，懂得爱父母等亲人，并懂得用一般的表达方法表达自己对父母等亲人的感谢和爱，知道不打扰父母等亲人的工作或休息。

（2）使幼儿关心、理解同伴、教师等亲人以外的人

教师应引导幼儿愿意与同伴及教师共同友好地进行各种活动；了解幼儿园其他工作人员的工作，知道他们的工作都是为幼儿服务的；了解其他公共场所工作的人们（如社区、街道、公园里的清洁工人），知道他们的劳动给大家带来的方便和愉悦；懂得尊重这些劳动的人和他们的劳动。

3. 对周围环境的认知教育

（1）使幼儿了解并能说出自己家所居住的社区

教师应引导幼儿了解所住社区的名称，知道附近的明显建筑标志；认识社区附近的公共设施（如超市、医院、图书馆等），了解这些公共设施与人们生活的关系；认识公共场所和公共服务的常见标志（如交通标志、安全标志、消防器材标志等），知道常用的紧急呼救电话（如110、119、120等）。

（2）使幼儿初步了解、热爱自己的家乡

教师应引导幼儿了解家乡的名胜古迹、风俗习惯、标志性的建筑物、历史传说、特产等，并能因此感到骄傲，产生爱家乡的情感。

（3）使幼儿热爱祖国

祖国是一个抽象的概念，就像“首都”这个概念，幼儿很难理解，但是引导幼儿认识祖国的标志、文化传统、风俗习惯、英雄人物、历史传说、名胜古迹、行政区划等，可以帮助幼儿理解祖国的含义，激发其热爱祖国的情感。具体来说，教师应引导幼儿认识国旗、国徽、国歌、首都，懂得它们就是祖国的标志，要尊敬这些标志；引导幼儿了解祖国的行政区划，知道祖国有辽阔的疆土（可以利用幼儿随父母旅游等机会进行讨论）；引导幼儿了解并且感受、喜爱祖国的文化传统和风俗习惯，为英雄人物、悠久历史和祖国对世界的贡献感到骄傲；引导幼儿了解祖国是个多民族的国家，认识常见少数民族的风俗习惯、文化传统和生活方式等。

二、社会情感教育

社会情感是幼儿在发展社会认知过程中产生的，即社会情感与社会认知在同一过程中发展，又与幼儿的认知发展水平紧密联系。因为引发情感体验的人或事物的不同可使人们获得不同的感受，所以可以把社会情感分为积极情感（如快乐、高兴、自豪等）和消极情感（如悲伤、沮丧、愤怒等）。社会情感教育就是要引导幼儿在社会认知过程中

形成积极的情感体验，学会认识、控制自己的情绪情感。

1. 认识社会情感的教育

当得到新玩具时，幼儿会满足、快乐，而没有得到新玩具的幼儿会失落、难过；有些幼儿喜欢玩集体游戏，有些幼儿则不喜欢玩；在某些场合，有一些活动规则是必须遵守的……此时，教师可以引导幼儿认识到，在各种社会环境中，每个人都可能会因为自己的需要是否得到满足而产生积极或消极的情感体验，人活着就一定会有喜怒哀乐等各种社会情感。

例如，教师可以引导幼儿阅读绘本《森林中的争吵》（“花袜子乌鸦丛书”），通过书中小乌鸦和朋友们的计划、争吵、解决过程，很好地帮助幼儿理解多种情感的生成。

2. 感受积极乐观情感的教育

教师要萌发幼儿爱祖国、爱家乡、爱集体、爱劳动、爱科学的情感，培养幼儿诚实、自信、友爱、勇敢、勤学、好问、爱护公物、克服困难、讲礼貌、守纪律等良好的品德行为和习惯，以及活泼开朗的性格。

教师还应当关注幼儿的心理健康，注重满足幼儿的发展需要，保持幼儿积极的情绪状态，让幼儿感受到尊重和接纳。

一起做点心

图片说明：教师正在耐心地教幼儿做点心。

我受伤了

图片说明：幼儿向教师展示手指上一个几乎看不见的伤痕。

教师对幼儿的关爱、对生活的热爱以及教师的自爱，渗透在幼儿园的日常教育活动中，体现在班级管理和环境创设中，使幼儿在润物无声中感受爱并学会爱。教师精心组织各种适宜的活动，使幼儿学会合作、互助，感受成功，有益于帮助幼儿形成积极的情感体验。

教师使用适宜的方法，引导幼儿的依恋情感由家庭、亲人转移到幼儿园、教师、小朋友，有助于幼儿形成积极的情感体验；而不适宜的方法，生硬转移幼儿对家人的依恋，可能造成幼儿冷漠、回避、暴躁等消极的情感体验。

3. 引导幼儿调控社会情感的教育

成成到幼儿园的第一天，总是静静地坐在自己的座位上，眼泪时不时在眼眶里打转，显得很孤单。第二天，他哭得没有那么厉害了，但还是独自一个人静静地坐，不去与别的小朋友玩。如果发现有人在看着他，他会马上走开，嘴里说：“不和你们玩了。”

不同幼儿分离焦虑的表现是不同的，既反映在痛苦的程度和持续时间的长短上，也反映在焦虑情绪表达的方式上。例如，有的幼儿仅表现为与亲人分离的片刻情绪很坏，但亲人走后就转为正常；有的幼儿与亲人分离后还一直想念亲人，整天情绪很坏，容易哭闹；有的幼儿则神情紧张、呆板，不哭闹，独自枯坐。

成成是个胆小的孩子，离开了家，离开了自己熟悉的环境，会感到不适应。他对陌生的环境感到害怕，不敢主动去接触周边环境。教师应尽量给他创设宽松、和谐的心理环境，让他产生安全感、信任感。每天来了都对他笑一笑，拉一拉他的手，摸摸他的头，经常主动找他聊聊天，说一些轻松的话题，让他感受到教师在关注他，教师喜欢他。

缓解分离焦虑对幼儿积极社会情感的形成有重要作用。如果引导不当，不仅会造成幼儿适应困难，而且会影响幼儿一生的身心健康发展。此外，教师要引导幼儿懂得不是所有的需要都能得到满足，每个人在社会生活中都会有失望、伤心、生气、愤怒、恐惧等消极情感。教师还要教育幼儿如何调控自己的消极情感，如采用到“温馨小屋”说“悄悄话”等方式进行释放，或利用《我不生气》等绘本讲故事，引导幼儿学会认识自己的消极情感并想办法释放。

三、社会行为教育

社会行为是指人们在交往等社会活动中对周围环境中的人或事情的态度、言语和行为反应。社会行为是在与周围环境（人或事情）互动过程中产生的，也是更广泛意义上的交往活动。它既是个体的行为，又同时指向个体的交往对象。

根据动机和结果的不同，社会行为可以分成亲社会行为和反社会行为。例如，顺从、合作、分享、助人、讲卫生等可以视为亲社会行为，而攻击（包括言语和身体动作）、破坏（如摔东西）等就是反社会行为。幼儿社会行为教育就是要帮助幼儿形成积极的亲社会行为，避免形成消极的反社会行为。社会行为教育具体包括以下内容：

1. 帮助幼儿掌握交往技能，发展交往能力

正常幼儿在 1 岁以内就表现出交往意识和行为（虽然很多时候是无意行为），但是他并不知道哪些行为是被允许的，哪些是不被允许的。在不断受到鼓励或否定之后，幼儿逐渐掌握了交往的具体技能，发展起交往能力，包括如何提出自己的要求，表达自己的感受等。这就要求成人正确引导幼儿以合理的方式提出合理的诉求，使其在与他人的交往中，自信得体地与他人打招呼、交谈，懂得尊重别人的意见，懂得分享、谦让、轮流、合作能使自己在交往中更受欢迎，愿意帮助他人，对别人的难过表示关注和同情，有能力、有较好的方法解决自己或其他幼儿在交往中的矛盾。

2. 引导幼儿遵守规则

规则是人们在社会生活中为了最大限度保护多数人的利益而共同制定的限制性要求，它规定了在什么场合可以做什么、不可以做什么，它的意义在于使人们的活动有序有效，减少不必要的损失。尽管个人会感到被约束，但当人们在社会活动中自觉遵守规则时，整个社会和人们的社会生活会更加协调、融洽，令人感到愉快。

幼儿天生不具有规则意识和遵守规则的行为，遵守规则的意识和行为是成人代表社会对幼儿实行的社会控制，是幼儿将来适应社会、参与社会生活必须接受的条件。幼儿是在接受或反抗这种社会控制的过程中逐渐适应社会生活的，这也是幼儿社会化的重要内容。对幼儿的规则教育包括以下几方面内容：

（1）家庭生活规则

1）卫生要求，如饭前洗手，早晚刷牙，睡前洗脚，勤洗澡，勤剪指甲，勤换洗衣物等。

2）饮食要求，如定时定量进餐，家庭成员聚齐再开始进餐，不暴饮暴食，不挑食偏食，不吃不健康食品，常吃蔬菜水果等。

3）作息规律，如按时睡觉起床，有节制地看电视或打游戏，室内活动和户外活动相互交替、动静结合等。

4）待客与做客礼节，如迎来送往时热情打招呼，礼让座位，安静地参与成人的交流，友好地与小朋友游戏，不乱翻别人的东西等。

5）安全要求，如不摸电器和电插座，不给陌生人开门，接电话要记住主要内容并及时告知父母，不动炉具，不玩火等。

（2）游戏活动规则

1）安全第一，如按照规则进行游戏，玩沙、玩水时不攻击别人，遵守游戏秩序和玩具器械的安全使用要求。

2）游戏时讲究卫生，不揉眼睛、鼻子。

3）与他人游戏时懂得轮流、谦让，能够合作、协商解决问题。

（3）学习活动规则

1）学习时集中注意力，按时完成老师交代的任务。

2）积极发言，能按顺序轮流发言。

3）能整理自己的学习用具。

4）有不理解的问题能主动提问。

（4）公共场所活动规则

1）爱护环境，珍惜资源。懂得在大自然中活动时要爱护环境，知道自然资源不可再生，要节约使用。懂得如何爱护自己周围的小环境，知道保持它的清洁卫生，懂得如何节约使用各种物质资源。

2）遵守购物规则，包括买卖自愿，钱物交换，不乱跑到成人找不到的地方等。

3）遵守公共场所文明礼貌规则，不大声喧哗、嬉笑打闹、影响别人，不乱涂乱画、随地乱扔废弃物，听从工作人员的要求，不脱鞋，不攀爬桌椅、窗台等。

4）遵守公共交通规则，乘坐公共交通工具时按身高买票，上下车礼貌有序，先上后下，不争抢座位，为老人让座，坐时安静端正，站时扶好把手原位站好，不把身体探出车窗外，不大声吵闹、来回跑动，不踩踏床具、座椅等。

5）遵守行路交通规则，按交通信号行动，过马路走人行横道、过街天桥或地下通道，不独自过马路，行路时要走便道，不在路上玩耍打闹等。

知识卡

习惯形成性格，性格决定命运

习惯形成性格，性格决定命运。这是一句英国谚语，它反映出习惯的重要性。而幼儿行为习惯的养成，在幼儿社会教育中非常重要。

在对幼儿进行积极社会行为的教育时，教师要特别重视幼儿行为习惯的养成，这是实现幼儿社会领域教育目标的保证。只有这样，才能帮助幼儿不断完善社会性并奠定健全的人格基础。良好行为习惯的养成，不仅是幼儿适应社会的需要，也是其学习与发展的需要。它能够减轻个体各方面学习与发展的负担，使个体的学习活动避免许多无效支出。

习惯的形成过程主要是：掌握正确的行为方式，坚持重复、练习，形成习惯。

通过示范、正面讲解、演示等方法，教师可以帮助幼儿理解正确的行为规范。但是，只有当幼儿能自觉、熟练地在各种活动中再现出其积极的行为，也就是自觉遵守行为规范成为行为习惯时，才代表对幼儿社会行为的教育真正取得了效果。

行为成为习惯，是不断重复、积累的结果。有人认为，如果一个人有意识地坚持重复某一行为，7 天左右即可形成熟练动作，21 天即可形成比较稳定的行为习惯。幼儿由于社会认知发展水平所限，不会有意识地坚持重复积极的社会行为，所以需要在成人的引导下进行重复练习。小班幼儿的行为完全缺乏自控，随着年龄的增长，幼儿行为的自控能力有所发展，但是大部分幼儿的行为仍需要成人的提示、引导。即使大班幼儿能够有自控行为，也需要在教师引导中提高自控水平，其自控行为又与当时的情感状态紧密联系。所以，幼儿良好行为习惯的养成，需要教师不断进行引导、提示，合理使用强化法，才能得以实现。

强化法是指教师采取一定的方法，对幼儿已经出现的行为进行巩固或纠正的方法。强化分为正强化和负强化。正强化即增加某种刺激，奖励所需要或期望出现的行为，从而加强这种行为，使行为发生的概率增加；负强化即撤销或减弱原来存在的消极刺激、厌恶刺激等，以使这些行为发生的概率减少。

教师要特别注意引领家长做好家园合作，才能取得好的效果。同时，无论在幼儿园还是家庭中，都要给幼儿一个宽松适宜的环境，给幼儿锻炼的机会，帮助其体验良好行为带来的愉悦感受。教师要相信并提醒家长，坚持是习惯养成所必需的。

幼儿社会教育活动案例

1. 活动名称

可以不可以（小班）（习惯养成教育活动）

2. 活动目标

（1）幼儿能初步理解经常性活动场所的规则。

（2）幼儿能根据提示说出“可以不可以”。

（3）幼儿愿意在集体活动中主动表达“可以不可以”。

3. 活动重点、难点

（1）幼儿跟随教师讲故事及进行表演。

（2）幼儿通过图片理解经常性活动场所的规则，说出“可以不可以”。

4. 活动准备

（1）《和甘伯伯去游河》绘本及课件、人物头饰（或玩偶）。

（2）喝水、进餐、洗手、滑滑梯、玩桌面拼插玩具等活动中幼儿积极或消极行为的图片，以及有关的视频。

5. 活动过程

（1）教师展示绘本《和甘伯伯去游河》，看课件讲故事。

教师提问：“故事的名字是什么？”“谁要上来？怎么说的？”“甘伯伯说了什么？”“某某在船上怎么了？”“大家怎么了？”“甘伯伯做了什么？”

（2）幼儿看课件，跟随教师讲故事。

（3）教师逐一展示活动图片，请幼儿说出“可以不可以”。

（4）教师请幼儿看视频，说出内容中的“可以不可以”。

（5）教师请幼儿盥洗，自然结束。

6. 活动延伸

（1）教师请幼儿与家长表演《和甘伯伯去游河》。

（2）教师在一日活动各个环节提醒、引导幼儿掌握“可以不可以”，并指导家长对幼儿的重复要求。

四、其他教育内容

1. 个性教育

幼儿在社会生活和交往活动中必然表现出其个性特征，而幼儿社会性发展水平和个性发展特点又相互影响、相互限制（或相互促进）。目前很多幼儿是独生子女，他们缺乏学习、模仿、练习社会认知和社会行为的必要环境，很多幼儿在交往活动过程中会表现出某些不良个性，如霸道、过分依赖等。教师在对幼儿进行社会教育的同时，要有意识地引导幼儿良好个性的发展，注意培养幼儿良好的个性品质，如勇敢、独立、坚持、友爱、自信等。

性格是个性的核心，教师应有意识地利用各种教育机会，培养幼儿活泼开朗、乐观向上的性格。这里并非认为内向是不良性格，内向的人在交往活动中也有他的优势。例如，顺从、敏感而善于理解等特点，可能使内向的幼儿更容易受到其他幼儿的欢迎。活泼开朗、乐观向上强调的是遇到困难不退缩、面对挫折不懈努力、积极向上的特点。

2. 传统文化教育

文化是人类在长期生活、社会实践活动中积累、提炼发展而成的一定的知识体系，道德、宗教、科学、艺术都能反映出一定社会的文化。我国数千年的历史积淀了丰富的传统文化，流传至今的《三字经》《百家姓》《千字文》《弟子规》《道德经》《史记》及“四书五经”等，是我国丰富的传统文化的具体体现，也充分反映出长期以来我国民众普遍的社会情感及约定俗成的社会行为规范。因此，作为传统文化的一部分，《三字经》《弟子规》等在取其精华后，可以作为幼儿社会教育的重要内容。

五、幼儿社会教育内容应注意的问题

1. 注重整体性

上述社会教育的内容是为了表述方便而划分的，实际上，幼儿社会化的过程是社会认知、社会情感、社会行为和个性同步发展的过程。有的社会教育的内容虽然属于情感方面，但它是在认知过程中产生的，而认知也是在交往中进行的，几个方面不可偏废，更不可分割，教师在进行社会教育活动时应充分考虑活动内容对幼儿的整体影响。

2. 注重层次性和针对性

由于社会生活丰富多彩，幼儿社会教育内容众多，幼儿社会性发展又是综合、漫长的发展过程，所以教师应根据幼儿年龄的不同、身心发展水平的不同，采用幼儿能够理解的方式，使社会教育的内容逐步深化、丰富。

思考·练习

一、简答题

请分析下面的故事对幼儿有哪些积极或消极的影响。

1.《手捧空花盆的孩子》

2.《萝卜回来了》

3.《狼来了》

4.《小羊过桥》

5.《小鲤鱼跳龙门》

6.《乌鸦和狐狸》

二、分析判断题

请判断下面的表述哪些是幼儿社会教育的目标，哪些是幼儿社会教育的内容。

1. 能理解日常生活中的“可以不可以”。

2. 进行“公交车上”游戏时用钱买票。

3. 用各种材料做花束送给妈妈。

4. 运用协商的办法共同游戏。

5. 知道用花束等礼物表达对妈妈的爱。

6. 游戏时协商需要哪些规则。

其中，属于幼儿社会教育目标的是________________，属于幼儿社会教育内容的是________________。

三、实践练习题

1. 请将下列目标分解为幼儿园社会教育活动的具体目标。

（1）愿意与人交往。

（2）不怕困难，坚持做力所能及的事情。

（3）培养爱护环境的意识。

（4）培养爱家乡、爱祖国的情感。

（5）培养自信心。

（6）掌握分享、轮流、谦让、合作等交往技能。

（7）遵守日常生活中的行为规范。

（8）能根据年龄水平正确进行自我认识。

（9）爱父母长辈。

2. 分析下面的活动或现象可以指向社会领域教育的什么目标，或蕴含着什么教育契机。

（1）教育活动“魔镜”

教师准备一面与幼儿身高一致的大镜子，放在活动室的一个角落，前面用布帘遮住。教师告诉幼儿：“我在这个神奇的小屋里找到了一面魔镜，现在请小朋友一个一个地走进去，你会看到一个非常可爱、跟别人都不一样的好孩子。等出来以后告诉老师和小朋友，你看到的是一个什么样的好孩子。”幼儿分别进入活动室，出来后向大家讲述自己看到的是个什么形象的孩子。

（2）不愿分享的小朋友

一名幼儿看到同桌幼儿悄悄拿出一块巧克力，就要求对方给他吃一口。同桌不同意，他就说：“我昨天还给老师和小朋友带了一包糖呢，你也吃了，今天你也应该给我吃。”同桌一口把巧克力放进嘴里，表示“我都吃了，没有了”，这名幼儿生气地说：“老师说，好东西要分着吃。你不分给我，我去告诉老师。”（提示：物品的归属权、协商、以合理的方式提出合理的诉求。）

第三章
幼儿社会教育活动设计

学习目标

◆ 掌握幼儿社会教育活动设计的原则和方法。

◆ 能够科学设计幼儿社会教育活动的内容。

幼儿社会教育的实施渗透于幼儿园日常活动的各个环节，教师应密切观察和了解幼儿的发展需要，及时捕捉幼儿感兴趣且能够促进其社会性发展的内容，根据幼儿社会教育活动的设计要求和一般流程，设计适宜的社会教育活动，根据幼儿的发展水平采用适合的方法，有效实施幼儿社会领域的教育。

小班游戏

图片说明：幼儿社会教育活动的形式非常丰富。

第一节　幼儿社会教育活动设计的原则和方法

一、幼儿社会教育活动设计原则

1. 目标性原则

教师应依据《纲要》及当地教育行政部门对幼儿教育的指导细则中所提出的社会教育领域的目标，设计本园、本班的幼儿社会教育活动。

《纲要》规定了幼儿园社会领域教育的总目标，设计幼儿社会教育活动就要以此为标准和依据，以保证实现幼儿社会教育目标。

教师应全面准确地理解发展目标和教育内容之间的关系。某一方面的教育内容可以指向幼儿社会性发展的多个目标，一个目标往往也需要通过围绕多项教育内容进行的活动来实现。例如，“认识少数民族”的活动既丰富了幼儿的社会认知，又激发了其爱国情感，还让幼儿学会了待客、主动与人交往等交往技能。因此，教师要把握、处理好教育目标和活动内容的关系，心里不仅装有具体活动的小目标，还要有更明确的总目标意识，使各种教育活动在教育目标的指导下有机联系起来。

教师设计幼儿社会教育活动时，还要依据教育行政部门制定的课程标准和实施细则，使之更加具体化。

2. 基础性原则

幼儿社会教育应立足于发展幼儿最基本的社会生活知识经验，培养其基本的社会情感和态度，培养其初步的参与社会生活、进行社会交往的能力。幼儿社会教育活动的设计应以符合幼儿发展水平并能为幼儿今后发展奠定基础为基本原则，而不是以成人的标准衡量活动是否有价值；选择的内容一定要是启蒙、粗浅、基础的，对幼儿社会性的良好发展具有长远的影响。只有这样的教育，才是适合并且有利于幼儿不断发展的良好教育。例如：引导幼儿感受父母的爱和辛苦，懂得尊重父母，遵守基本的家规；帮助幼儿掌握与小朋友交往的积极有效的方法，鼓励他们愿意与人交往。

3. 适应性原则

教师要根据幼儿的身心发展特点、水平和发展需要，确定符合促进幼儿社会性发展目标的社会教育活动。

教师在幼儿的日常活动中应注意观察幼儿，了解他们的发展水平，解决他们对社会领域教育目标产生的问题和困惑，确定幼儿社会性发展需要获得的知识经验、行为方式、交往技能和情感态度等内容。教师还应抓住幼儿的问题和困惑，有针对性地选择适当的内容，满足幼儿社会性发展的需要。

由于幼儿发展过程中具有明显的年龄差异和个体差异，教师在确定社会教育活动内容时还应注意多样化，为幼儿的社会学习过程提供多种选择的机会和方向，使内容符合《纲要》的要求，同时又指向每个幼儿不同水平和不同内容的发展。

4. 生活性原则

设计幼儿社会教育活动要从幼儿的社会生活出发，紧密结合他们的实际生活经验，容易使他们感知、体验、模仿学习的内容，这是保证幼儿社会领域教育真正取得实效的必要条件。

幼儿出生后即生活在一定的社会环境中，开始了随时随地的社会学习，现实生活为幼儿的社会学习提供了丰富源泉。教师要把《纲要》提出的建议转化为具体的教育行为，一定要将现实生活作为载体来开展教学。例如，《纲要》提出，幼儿社会领域教育目标要通过教育活动使幼儿“乐意与人交往，学习互助、合作和分享，有同情心”，则教师可以进一步把教育要求转化为以“我爱我的幼儿园”为具体内容的谈话活动、“这是我们班”的环境创设活动、“一起做游戏”的集体活动等可操作的具体活动内容。

虽然有些优秀的童话、传说与幼儿的实际生活并没有直接的联系，但由于这些作品中形象生动的人物、曲折动人的故事情节、优美的意境和美好的希望对幼儿的情感熏陶有不可估量的作用，而这些作品符合幼儿的认知特点和想象的需要，所以它们也是进行社会教育所需要的活动内容。

二、幼儿社会教育活动设计方法

设计幼儿社会教育活动的重要方法就是由教师充分准备教育活动的具体方案，即编写教育活动方案（即教案）。按照事先写好的教案组织教育活动，可以使活动过程更顺利，取得最佳的效果。一个教案一般包括活动名称、活动目标、活动准备、活动过程和活动延伸等几个方面。

1. 活动名称

活动名称即某一次具体教育活动的名字，如“我是中班的大哥哥（姐姐）”“认标志，懂规则”等，活动名称要体现教育活动的主要内容和目标。

2. 活动目标

活动目标是进行教育活动预期的结果，也就是教育活动所要达到的目的。活动目标主要应符合以下三个方面的要求：

（1）活动目标要尽可能全面

活动目标应包括培养幼儿的社会情感，使幼儿获得社会认知和学习行为方式，提高适应和参与社会生活的能力等。幼儿园社会教育活动应根据幼儿教育的适宜性原则，把活动的重点放在培养幼儿积极的社会情感和相应的社会行为方面，同时兼顾对幼儿社会认知、能力的提高。

（2）活动目标要具体，有可操作性

活动目标要具体，可以通过实施教育活动加以实现，能经得起实践检验。例如，幼儿“懂得有些时候要谦让”这一目标就可以通过故事《小羊过桥》的教育活动实现。通过幼儿在活动中的表现，也可以检验教育活动的目标是否实现、是否合理。如果目标只是“发展幼儿交往能力”这样的提法，就过于空泛，不具备可操作性。

（3）活动目标表述的角度应保持一致

无论一项教育活动希望实现的目标有几个方面，其表述的角度都应保持一致，或者从教师的引导出发进行表述，或者从幼儿的发展出发进行表述。当前学前教育更重视幼儿的主动活动、主动发展，因此，教师设计教案、确定教育活动目标时，要尽量从幼儿发展的角度进行表述。

3. 活动准备

（1）物质方面的准备

挂图、视频、场地等物质因素是幼儿获得直观的感性经验并有兴趣积极主动地参加活动的重要条件。教师应充分了解本班幼儿的身心特点和发展需要，根据教育活动的内容选择能最有效地引发幼儿积极活动，并能促进幼儿积极发展的物质材料。

（2）幼儿认识和知识经验方面的准备

活动内容如果与幼儿的认识和知识经验脱节很大，则会使幼儿放弃活动或被动接受活动中成人强加给他的内容，这样就无法达到教育活动的主要目标。

4. 活动过程

按照一般活动的进行顺序，教育活动可以分为以下几个步骤：

（1）开始部分

开始部分的主要作用在于引发幼儿参与活动的兴趣，吸引幼儿的注意力，使活动有个良好的开端。教师在教案中一般用简单的方法（如提问、展示直观教具、讲述故事开头、猜谜语等）开始教育活动。

（2）进行过程

进行过程体现教师如何引导幼儿积极主动地参与到活动中，积极地感知、体验、表达、交流等，引导幼儿获得某些具体的知识经验和技能。教师示范直观教具或行为方式，并通过具体的提问引导幼儿逐渐深入活动过程，深化思考，提高能力。进行过程是教育活动的主要环节，在活动过程中，教师既要注意引导幼儿积极主动地参与活动，尊重其发展的主体地位，也要通过调动幼儿的学习兴趣和已有经验创设相应的环境，始终引导幼儿向教育目标的方向发展。也就是说，教师要把握教育过程的方向。

（3）结束部分

当基本达到教育活动的预期目的时，教师要适时结束活动。教师在结束环节应引导幼儿归纳自己在活动中获得的经验、技能和情感体验，由教师或由教师引导幼儿进行活动的小结，这样也能帮助幼儿总结学习经验，强化积极的社会行为，提高社会认知水平。

5. 活动延伸

教育活动结束后，教师可以根据活动内容的特点、幼儿参与活动的热情和效果等，继续组织一些与此活动内容相关的其他辅助性活动（如参观之后进一步讨论，建立相应活动区，在活动区内开展新鲜内容的活动等），以继续深化和丰富教育内容。

幼儿社会教育活动案例

案例一

1. 活动名称

互相谦让（小班）

2. 活动目标

（1）幼儿懂得谦让对大家的益处，愿意在某些时候谦让别人。

（2）幼儿掌握谦让的基本做法。

3. 活动准备

白山羊、黑山羊的木偶和头饰，用积木搭成的独木桥。

4. 活动过程

（1）教师用木偶表演的形式讲述《小羊过桥》的故事

讲到“白山羊和黑山羊都走到了桥中间，它们谁也不让谁”时，教师提问并请幼儿思考：白山羊和黑山羊这样做对不对？为什么？谁也不让谁会发生什么事情？

教师请幼儿想象、讨论，尝试讲一讲故事的其余部分。

（2）教师继续讲完故事

教师组织幼儿分组讨论：如果自己遇到这样的事，应该怎么做？为什么要这样做？

（3）分组表演

教师将幼儿分为两人一组，每组用玩具、头饰等表演自己的想法和处理办法。教师还可进一步引导幼儿自由组合，让不同小组间的游戏内容相互衔接起来。

案例二

1. 活动名称

黑猩猩的面包店（中班）

2. 活动目标

（1）幼儿知道仅从一个人的外表不能判断一个人是否有礼貌，不要以貌取人。

（2）幼儿了解简单的礼貌用语，感受礼貌在生活中的重要性。

（3）幼儿体验与人交往的快乐，感受礼貌交往带来的愉快感受。

3. 活动准备

绘本、图片、玩具等。

4. 活动过程

（1）教师讲述绘本，引导幼儿理解故事内容

教师提问：“今天的故事里有一只黑猩猩，我们一起来看一看它的样子，看它是一只怎样的黑猩猩。”

教师引导幼儿大胆描述黑猩猩的样子以及对黑猩猩的印象。

教师提问：“小动物怎么没买面包就走了？你觉得故事里谁是有礼貌的小动物？”

教师重点引导幼儿感受什么样的行为和语言是礼貌的。

教师小结："黑猩猩浑身长满黑色的毛，长着可怕的大牙，看起来非常可怕，但它是一只非常礼貌、勇敢、乐于助人的黑猩猩。一个长相很凶的人不代表他是没礼貌的人。"

（2）教师再次讲述故事，鼓励幼儿模仿故事中有礼貌的语言和行为

教师提问："黑猩猩是怎样招呼他的顾客的呢？他有礼貌吗？小狐狸是怎么做的，他有礼貌吗？"

教师带幼儿一起模仿故事中的礼貌对话。

（3）互动体验，幼儿学习使用礼貌用语

首先，教师引导幼儿观察画面细节，幼儿感受微笑及有礼貌的语言。然后，师幼互动，幼儿体验微笑带给人的快乐。

教师引导："现在，我们来扮演故事中的小动物，用礼貌的语言和行动和别人交流。"

教师念旁白，幼儿扮演不同的小动物，有礼貌地讲述故事中的对话。

（4）幼儿迁移生活经验，讨论礼貌的语言和行为

教师提问："我们在生活中怎样做个有礼貌的小朋友呢？"

教师结合幼儿的生活，和幼儿一起讨论：来园要和老师说"老师好"，离园要和老师说"老师再见"，尊敬老人要说"您"，与人说话要轻声，别人说话的时候不打断，需要帮助要说"请"，碰到别人要道歉……

教师请幼儿根据创设的情境进行表演。

案例三

1. 活动名称

我和我的家人（大班）

2. 活动目标

（1）幼儿能体会家人的感受，愿意主动说出自己的想法。

（2）幼儿在懂得关爱的基础上对家人给予力所能及的帮助。

3. 活动准备

（1）经验准备

师幼之间对家人给予自己的爱的感受有过交流。

（2）物质准备

视频《杜鹃鸟》、亲子间展示爱的行为的图片、小姐姐关心家人的视频、“宝宝爱心日记表”。

4. 活动重点

引导幼儿学会关爱家人。

5. 活动难点

幼儿能够换位思考，理解家人的做法和感受。

6. 活动过程

（1）教师播放视频，幼儿谈感受

教师播放视频《杜鹃鸟》，与幼儿共同欣赏。

教师创设问题情境，引导幼儿体验妈妈生病时的痛苦以及需要得到的关心和帮助。教师提问：“妈妈为什么要离开她的孩子？你的心情是什么样的？你生过病吗？你生病时有什么感受？妈妈是怎么照顾你的？得到妈妈的照顾，你又是什么样的感受？”

教师小结：“小朋友们都说了自己生病时的感受，很想让妈妈照顾和关心自己。得到妈妈的照顾，大家的心里很温暖，病很快就好起来了。当妈妈生病的时候，她和你们的感受是一样的，她也需要你们的关心和照顾。”

（2）幼儿讨论交流如何关爱家人

教师展示图片，引导幼儿分组讨论交流，进一步引导幼儿感受家人的需要，知道应该给予力所能及的帮助。

教师提问：“妈妈生病的时候需要我们的关心和帮助，那么我们应该怎么对待家里其他的人呢？”

教师展示爸爸做饭的图片，请幼儿讨论：“爸爸做饭的时候，我们可以做哪些力所能及的事情？”

教师请幼儿带着问题分组讨论图片。图片1为妈妈收拾房间，图片2为几位老人。

教师提问：“妈妈在做什么？她怎么了？我们可以做什么？爷爷奶奶、姥姥姥爷需要什么帮助？你会怎么做呢？”

（3）幼儿集中，分享讨论结果

幼儿交流小组讨论结果，教师根据实际情况，通过提问进行适时引导。

教师小结：“刚才大家已经讨论出我们应该怎样做了，想一想，你们为什么这样做？这样做了以后他们会怎么样呢？”

7. 活动延伸

教师为幼儿播放视频《小姐姐在家里是怎么做的》，帮助幼儿把想法与实际行动建立起联系，丰富幼儿的生活经验。

教师展示“宝宝爱心日记表”，引导幼儿记录自己在家里的爱心表现。

案例 四

1. 活动名称

安全标志我知道（中班）

2. 活动目标

（1）幼儿能认识常见的安全提示标志图，知道安全提示标志图的含义。

（2）幼儿能根据安全提示标志图遵守公共场所规则。

（3）幼儿愿意关注活动环境中的提示标志。

3. 活动准备

小心地滑、禁止触摸、安全出口、地下通道、行人过街天桥等安全提示标志的图片模型。

4. 活动过程

（1）幼儿讨论、认识安全提示标志图

教师逐一展示小心地滑、禁止触摸、安全出口、地下通道、行人过街天桥等安全提示标志图，同时提问：“大家在哪里见过老师带来的这些安全提示标志图？看到这样的安全提示标志图应该怎么做？”幼儿讨论过程中，教师要注意讲解标志图正确的含义。

幼儿讨论：见过的其他安全提示标志图。

（2）幼儿自选伙伴，表演安全提示

教师提问：“看见这些安全提示标志图的时候，你们会怎么做？请你们互相商量一下，表演出你们的做法。”

幼儿进行表演。表演结束后，教师点评幼儿表演，并讲解正确的做法。

5. 活动延伸

教师指导幼儿为幼儿园设计安全提示图。

教师提问：“想一想，在幼儿园里哪里也应该有安全提示标志图？它们应该是什么样子？请大家和爸爸妈妈一起，为幼儿园制作一个安全提示标志图，并且带到幼儿园来。”

幼儿用自己的方式讲解某一种安全提示标志图的含义。

三、幼儿社会教育活动设计应注意的问题

1. 使幼儿主动参与活动

幼儿是教育活动的主体，当幼儿在活动中能主动参与，有感知体验，有操作实践，与环境因素积极作用时，教师组织的教育活动才能真正达到目的。有些教育活动尽管表面上手段方式多种多样，实则主要是一种“教师讲幼儿听，教师演示幼儿看”的活动模式，这样的活动很难对幼儿的发展起到多大的作用。

2. 给幼儿充分活动的机会

尽管幼儿的经验少，能力弱，但是教师要引导他们在活动中尝试、学习、锻炼、发展。对他们的错误，特别是由于经验和能力不足造成的错误，要宽容地鼓励并耐心地引导他们总结经验。

3. 精心准备提问语言

当教师提问不够具体或不易被幼儿理解时，幼儿很难被引导着思考相应问题，教育活动中就会表现出因师幼沟通不畅所致的无法互动的现象。所以，教师的提问起着关键性的引导作用，问题一定要有针对性、导向性和具体化，符合幼儿的知识经验和语言水平。

4. 避免成人化语言或专业化术语

在社会教育活动过程的师幼互动中，教师的提示、提问、引导一定要使用幼儿能理解、掌握的语言。教师用体态、表情等与幼儿沟通时，体态、表情等应该简单明了，避免引起幼儿的困惑或者分散注意力。教师在教育活动中的范例演示或讲解讲述，应使用儿童化语言，具体、简短并有重复，避免成人化语言或专业化术语，甚至是反话，以免使教师的言行更被动。当幼儿不能理解教师的提示、要求时，无论教师使用什么样的教育方法，都难以达到活动目标，取得实效。

第二节　幼儿社会教育活动设计的内容

当幼儿社会教育的目标确定以后，教师就要根据幼儿的发展水平和需要设计恰当的教育活动内容，引导幼儿参加各种集体活动，引导他们体验与小朋友、教师共同生活和活动的乐趣，引导他们形成合作、乐群、助人等亲社会行为，帮助幼儿形成初步的、正

确的自我认识和对他人、对社会环境的认识，引导幼儿学习、掌握初步的人际交往技能，为每个幼儿提供表现自己长处并获得成功的机会，培养其主动性、自尊心、自信心和恒心等良好品性，以保证教育活动的效果。

一、随机渗透的社会教育活动

随机渗透的社会教育是指教师利用日常生活、区角活动、游戏活动、节假日等各种契机对幼儿进行的社会教育。随机渗透的社会教育没有固定的模式，教师事先不确定明确具体的教育目标，只是在活动过程中，根据活动的进行和变化以及幼儿的需要随机开展。这就要求教师有较强的教育能力，善于捕捉教育机会，对幼儿社会教育的目标时刻做到“心中有数”，使这些活动起到引导幼儿形成正确的社会认知、积极的社会情感态度和良好的社会行为习惯的作用。当前我国多数家庭因独生子女而形成的许多问题，可以在幼儿进入幼儿园后逐渐得到解决，对幼儿的随机渗透教育也是使幼儿逐渐适应社会生活的重要途径。

1. 日常活动

幼儿每天来到幼儿园，等待早餐或其他集体活动之前，教师可根据幼儿的能力水平安排幼儿进行一些力所能及的劳动。例如，用抹布擦拭自己的小椅子，值日生喂养小金鱼或其他小动物，给花浇水等。这些活动可以培养幼儿爱清洁、爱劳动的好习惯，培养幼儿的责任心、认真做事的态度；同时，给幼儿充分的动手机会，又使幼儿因看到自己的劳动成果而提高自我评价，有利于幼儿形成自尊、自信。

（1）值日生劳动

这里的值日生主要是指负责餐前擦桌椅、分发餐具，以及在教育活动中帮助教师分发教具的幼儿。值日生一般由全班幼儿轮流担任，最好把能力水平不同的幼儿编在一组。值日生要为全班服务，教师要利用鼓励的方法激发幼儿愿意为大家服务的热情，可以激发幼儿产生更多的亲社会行为，培养幼儿乐于服务他人的品质，并逐渐习得社会生活中交往的最基本原则——人人为我、我为人人。值日生劳动还可以培养幼儿做事认真细致、平等互利、做事要负责等良好的行为品质。

（2）洗手

不同活动前后（如餐前、户外游戏以后等），教师都要组织幼儿洗手。每个教师都有自己习惯的组织方式，有的是分组，有的是点名等。无论哪种方式，都应注意培养幼儿节约用水的习惯和意识，帮助幼儿养成轮流、排队等习惯。

（3）进餐

在进餐过程中应注意教育幼儿爱惜食物，尊重别人的劳动，懂得感谢为自己服务的人和事，应引导幼儿养成细嚼慢咽、不暴饮暴食、安静文明进餐等良好行为习惯。在进餐过程中，教师要注意引导幼儿的态度和方法，避免在幼儿进餐时批评幼儿或解决无关的问题，避免生硬的态度和简单化解决幼儿的进餐问题，更不要在部分幼儿没吃完时就打扫卫生，以免幼儿潜移默化地形成粗鲁待人接物的不良习惯，缺失人际交往中最基本的互相尊重的意识。

（4）午睡

教授幼儿正确穿脱衣服和整理床铺被褥的方法和顺序，不仅可以发展幼儿的动手能力和生活自理能力，还可有效培养幼儿自我服务的意识、能力、习惯，提高幼儿的自信心和恒心。在帮助幼儿安静睡眠的过程中，还可以引导幼儿形成自己做事不干扰别人的意识和习惯，懂得自尊和尊重他人的选择，形成健康生活方式的基础。

（5）如厕

教师要让幼儿养成有便意就自己如厕解决的习惯和能力，特别是在幼儿刚刚入园阶段和小班阶段。这有利于促进幼儿对自身状况的把握，进一步发展其自我意识。通过如厕培养幼儿的自理能力和文明生活习惯，还可以培养幼儿的自尊意识和尊重他人的意识。

（6）离园

幼儿结束在园一日生活后，兴奋地期待着家长的到来，而教师往往在一日工作即将结束时忽略了教育幼儿的机会。教师可以利用幼儿急切期待家长的心理，引导幼儿体验自己和别人的不同感受，引导幼儿认识家长、家庭的不同特点，以及工作、居所住址和周边建筑、人文等社会知识，还可以有目的、有计划地引导幼儿养成做事善始善终的习惯和关心幼儿园集体的态度等。例如，教师看到幼儿拿好自己的衣物在门口等待家长，而活动室还散落着两件玩具，就问幼儿："小朋友们回到自己家都很高兴，可是这两件玩具也想回家，谁来帮帮它们？"

幼儿社会教育的目标在于培养幼儿适应、感受并参与社会生活的认识经验、情感态度和行为习惯能力等，让幼儿理解生活在一个社会群体中，就要适应、内化并遵守社会生活中的各种规则。幼儿社会教育的过程必须紧密围绕幼儿的生活经验，从帮助幼儿理解和遵守生活环节中的具体规则做起，帮助幼儿逐渐适应社会生活。幼儿园的一日生活中处处渗透着社会教育的内容，教师要把握教育机会，使对幼儿进行的社会领域教育自然渗透于幼儿的一日生活之中。

教育实例

针对很多幼儿的不良交往习惯，教师组织大班幼儿担当“小老师”，手把手地教小班的小弟弟、小妹妹学习洗手、擦手、挂毛巾等，这对大班幼儿是再简单不过的事情，也是他们展示自己的机会，因此大家跃跃欲试。

这天，教师带领大班幼儿来到小班，教师有礼貌地敲敲门（起示范作用）。门开了，小班幼儿说：“大哥哥、大姐姐们好。”大班幼儿不等教师示意就有礼貌地回答：“小弟弟、小妹妹们好。”

正赶上小班幼儿喝水前要洗手，教师就对大班幼儿说：“这下要看你们这些小老师的了！”于是大班幼儿每人领着一个小班幼儿来到盥洗室，给他们挽起衣袖，告诉他们：“洗手要先打开水龙头、冲手，再打肥皂。”并一边说一边做着示范动作。当小班幼儿洗手时，有的大班幼儿还在“督促检查”中提醒他们：“打肥皂后要多搓搓，这样才能洗干净。”教师对大班幼儿说：“谢谢你们，小弟弟、小妹妹们在你们的帮助下有了很大进步。”

大班幼儿在小弟弟、小妹妹们的“谢谢”“再见”声中高兴地回到自己班，还不断交流自己是怎么“教”小弟弟、小妹妹洗手的。

2. 区角活动和角色游戏

（1）区角活动

为了使幼儿获得更充分的发展，根据幼儿的兴趣需要和发展水平以及《纲要》的要求，幼儿园一般尽可能在活动室设立了内容不同的活动区角，如“娃娃家”（即小医院、小餐厅、照相馆等角色游戏区）、积木角、图书角、美工角、科学活动区、棋类益智区等。幼儿园的区角活动往往由幼儿自愿选择活动内容、合作伙伴，常常以小组活动的形式进行。这种活动形式能够更充分地满足幼儿不同的发展需要和兴趣特点，使幼儿有更多的自由交往的机会，有利于幼儿之间的交流、合作和相互了解。这种活动形式还可以使幼儿能够主动发表自己的意见，耐心倾听别人的看法，从而潜移默化地培养幼儿的合作意识和互相尊重的态度。进入活动区时，教师应要求幼儿必须遵守活动区的各项规定，才能被允许、被接纳，这样可以使幼儿自觉地控制自己的行为，遵守相应的规则，学会自律。

“娃娃家”里的“姐姐和弟弟”

图片说明：这两名幼儿在“娃娃家”玩兴正浓，他们高兴地告诉教师：“我们是姐姐和弟弟。”

大班区角活动

图片说明：大班幼儿在手工区活动中分工、合作，为自己表演活动准备道具。

知识卡

“娃娃家”游戏规则

1. 小班游戏规则

（1）幼儿能按照事先确定的游戏区人数和先来后到的顺序进入游戏。这样可以培养幼儿的轮流意识和看标志的习惯。

（2）幼儿能自定角色，并初步尝试角色行为。这样可以帮助幼儿学习扮演社会角色，克服自我中心意识。

（3）幼儿不独占、不争抢玩具，能与小朋友和平相处并逐渐共享玩具。这样可以引导幼儿从独自和平行的游行方式过渡到初步的合作游戏，产生协商、共享等亲社会行为。

（4）幼儿在活动中不大声吵嚷，会有礼貌地接待“客人”。这样可以培养幼儿的礼貌行为。

（5）幼儿爱护玩具，不乱扔乱丢，活动结束后能整理和收拾玩具。这样可以培养幼儿良好的行为习惯。

（6）幼儿能用语言与小朋友交流，表达自己的要求和愿望。这样可以引导幼儿学习表达和协商交流的能力。

2. 中班、大班游戏规则

（1）进入活动区的幼儿能先协商确定角色，再进行游戏。

（2）幼儿能按角色身份进行相应的活动，表现出相应的行为，能相互协调角色活动。

（3）幼儿在游戏中能反映家庭生活的主题，并逐步扩展情节，深化游戏内容。

（4）幼儿能学习使用操作材料，并能利用多种材料以物代物，丰富游戏内容。

（5）幼儿能熟悉“娃娃家”中固定物品的摆放位置，能在游戏过程中随时收拾玩具材料，收拾“房间”。

（6）幼儿能与小朋友友好地游戏，懂得互相协商解决问题，能主动、正确地使用礼貌用语。

（7）幼儿能听信号结束游戏，并且能很快收拾玩具材料，使物品摆放有序。

（2）角色游戏

角色游戏是指幼儿以假想的方式主动、创造性地参与社会生活的活动过程，是幼儿社会化的一个重要途径。角色游戏（如就餐、购物等），是各年龄阶段幼儿乐此不疲的假扮游戏。通过这类游戏，幼儿可以获得以下社会学习经验：

1）学习以适当的行为方式进行角色扮演，增进对周围环境中不同社会角色身份和人际关系的认识。

2）学习与人友好相处和交往的基本技能，如分享、合作、轮流、互助、协商等。

3）学习用适当的语言和方式表达自己的要求、愿望和看法，并能以适当的语言和方式与别的小朋友相互沟通，尝试独立解决社会交往中各种问题的办法。特别是游戏过程中发生冲突时，教师要认识到幼儿间的冲突是他们沟通不畅比较激烈的表现，而这正是由于他们缺乏沟通技能，所以要引导他们懂得在交往中互相尊重和协商解决问题，使幼儿在解决冲突的过程中提高交往能力。

4）学习适当表达自己的情绪，并能逐渐主动地了解别人的情绪，能自我控制并经常调整与小朋友的相互行为和关系。学会创造性地反映并参与现实生活。

教育实例

在一次玩“娃娃家”时，教师发现几个平时不太爱与人交往的幼儿都是独自玩耍，同伴之间几乎没有交流。于是，教师以客人的身份给幼儿打起了电话。电话响了，“娃娃家”的幼儿没有来接，教师便用十分着急的语调自言自语：“怎么没人接电话呀？”一个幼儿见教师这么着急，连忙拿起了电话。

“喂，你好，是‘娃娃家’吗？”

他小声地说：“喂，你是谁呀？”

“我是王老师，一会儿我想到你家做客，你欢迎吗？”

幼儿听说教师要来做客，兴高采烈地说：“行！”教师以客人的身份进入“娃娃家”后，有意识地和幼儿聊起来：“你们都是‘娃娃家’的什么人呀？”他们纷纷告诉教师自己所扮演的角色。

教师引导当爸爸妈妈的幼儿：“你们在家里不说话，孩子多寂寞呀。你们跟你们的孩子聊会儿天或给他讲故事听吧。”

就这样，“娃娃家”的幼儿们交流起来。爸爸忙着给孩子讲故事，妈妈忙着给他们做饭，并以关心的口吻问孩子：“你想吃什么？我给你做胡萝卜炒肉吧。”于是，连平日不爱说话的幼儿在“娃娃家”中也变得活泼起来了。

幼儿适应社会的过程，也是他们不断将各种生活规则和社会规则经“外化”而不断“内化”的过程。在生活中，幼儿学习接受来自成人的他律规则。而在区角活动、角色游戏等幼儿自主的实践和交往活动过程中，幼儿可以通过解决各种问题学习协商、制定、自觉遵守活动规则，形成自律的规则。在此方面，幼儿的区角活动和角色游戏发挥了重要作用。正如《纲要》中指出的：教师要“在共同的生活和活动中，以多种方式引导幼儿认识、体验并理解基本的社会行为规则，学习自律和尊重他人”。

知识卡

图书区活动规则

1. 小班、中班活动规则

（1）幼儿能坐在小椅子上、坐垫上或其他固定地点看书，姿势正确，眼睛与图书的距离、幼儿之间的距离都比较适当，椅子摆放有序。这样可以培养幼儿良好的阅读习惯，使其懂得遵守公共场所的秩序。

（2）幼儿不撕、扔、争抢图书，懂得爱护图书。这样可以培养幼儿爱护图书、爱护公物的意识和习惯。

（3）幼儿选择自己喜欢的图书时，能做到谁先拿到谁先看，不一次拿多本书，看完一本书能整齐放回原处再拿另一本。这样可以培养幼儿良好的社会行为习惯和公德意识。

（4）幼儿看图书方法正确，能一页一页仔细翻着看。这样可以培养幼儿正确的阅读方法和良好的阅读习惯。

（5）当幼儿互相讲述和交流图书内容时，能注意低声讲话，不影响其他小朋友。这样可以鼓励幼儿以图书为交流的手段，学习交往技能；同时让幼儿理解在公共场所的活动要以不影响他人为基本要求，使幼儿逐渐控制自己的行为，克服自我中心意识。

2. 大班活动规则

（1）幼儿能自觉调节进入图书区的人数，协商解决人数过多或者活动区混乱的问题。这样可以培养幼儿学习协调个人意愿和客观可能之间的矛盾，协商解决问题，并培养幼儿关注自己周围环境的意识。

（2）幼儿能自选图书，做到不强占多本，能看完一本再拿另一本，并注意理解所看图书的内容。有条件的班级可以用借阅的形式使幼儿初步了解公共图书馆的借阅方法。这样可以培养幼儿的轮流意识，使幼儿在等待中坚持，引导幼儿养成良好的阅读习惯，学会正确的阅读方法。

（3）幼儿能主动控制自己的行为，保持图书区的安静，不大声说话，不影响别人看书。这样可以培养幼儿在公共场所的公德意识，理解具体的规则，克服自我中心意识，学会协调个人与集体、个人与周围环境的矛盾。

（4）幼儿能与小朋友友好相处，互相讲述图书内容，交流共同感兴趣的话题，能主动表达自己的感受和经验，并注意倾听他人的谈话和讲述。这样可以提高幼儿的语言沟通能力，发展幼儿的交谈、讨论和理解他人的能力。

（5）活动结束时，幼儿能主动及时地把图书摆放整齐，放回原处。这样可以引导幼儿学习收拾和整理物品的习惯，培养幼儿自我服务的意识。

3. 户外体育活动

户外体育活动一般是指由教师组织，以发展幼儿的机体协调性和身体的健康成长为目标，在户外进行的集体游戏活动。这类活动在发展幼儿生理机能的同时，对幼儿的社会性发展也有很多积极影响，如遵守规则、勇敢、坚持、合作、轮流、团队意识及自我控制等。户外体育活动是幼儿积极主动的参与式活动，既能够满足幼儿迅速发展的生理需要和心理需要，又能够使幼儿在活动过程中产生良好、愉悦的情感体验。这种情感体验不仅可以增强幼儿的成功感、自信心和自尊心，更能有效增强幼儿的交往愿望和主动性，提高幼儿的交往能力，使幼儿在交往活动中对周围的人和事产生更多积极的认识，导致利他行为。

一些传统的户外体育活动，如“老鹰捉小鸡”“木头人”“老狼老狼几点了”“找朋友”等，对幼儿发展自我控制能力、关注周围环境的能力等影响很大。而有一些明显的竞赛性的集体游戏，更能有效增强幼儿的团队意识和合作精神。特别是一些教师编排、组织的游戏活动，其社会教育的针对性和目的性更强，也更有效。例如，“快跑（或积木、顶沙包、传物等）接力”游戏，因游戏的竞赛性质，增强了幼儿的合作意识和团队意识。又如，体育游戏“把伤员送回家”由三名幼儿组成一个小组，一名用毛巾绑在腿上扮演伤员，另外两名要想办法把他尽快送回家。游戏中，幼儿想出多种办法，有的“抬轿子”，有的一个前面背着、一个后面托着，有的互相搀扶……活动中幼儿的积极主动性得到了很好的发挥，从而提高了幼儿解决问题、合作和协商的能力，也培养了幼儿的爱心和同情心。

户外体育活动的形式多种多样，教师应细致观察了解幼儿的兴趣，组织适合幼儿发展需要的体育活动，起到锻炼幼儿体能、培养幼儿良好品质及行为习惯的效果。

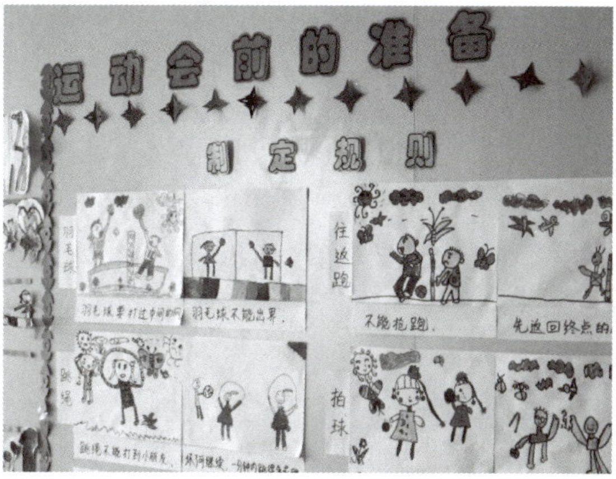

运动会前的准备

图片说明：中班幼儿自己制定的运动会规则，例如，羽毛球不能出界，跳绳不能打到小朋友，往返跑不能抢跑。

幼儿社会教育活动案例

幼儿足球活动组织

该案例可以帮助幼儿在足球活动中建立起良好的伙伴关系。

1. 活动前的准备

在活动前，教师要先组织幼儿观看足球比赛，让幼儿理解足球不是一两个人的游戏，大家一起踢才有乐趣。

2. 组织比赛

在幼儿分别自己踢球、要好的几个人一起踢球的基础上，教师组织幼儿进行足球比赛。教师让经常一起踢球的幼儿组成一队，自己踢球的幼儿组成一队，比赛结果自然是经常一起踢球的队伍获胜。

3. 组织讨论

教师组织赢球的幼儿讨论为什么他们能赢，请赢球的幼儿说说他们是怎样配合的，为什么会这样做，也请输球的幼儿说说他们的想法和感受。这样可以让幼儿在互相交流的过程中建立平等、相互学习的同伴关系，并感受了解日常交往的意义以及在足球活动中交往、合作的重要性和迫切性。

4. 提问

教师向幼儿提出问题："十几个小朋友，为什么不能把仅有的一个球踢进球门？"一名幼儿回答："是因为我们都踢不到球。"另一名小朋友立刻反驳："不对！我看电视里踢球不是这样的，他们不是扎在一起踢球，他们都是分散站开的。”他的意见得到其他小朋友的认同，于是他们在每次练习时都会互相提醒：“不能挤在一起抢一个球。”幼儿在足球活动中体验了合作的乐趣，也增强了合作的意识。

幼儿在足球比赛时向教师提问：“咱们怎么没有红牌和黄牌?”“咱们怎么没有裁判?”在教师的引导启发下，他们自己制作了黄牌和红牌，有的幼儿从家里带来口哨学习当裁判。比赛中，幼儿都能遵守规则，没有人不服从“裁判”。这样可以培养幼儿的规则意识。

二、专门的社会教育活动

专门的社会教育活动是指教师根据《纲要》和国家课程标准，根据幼儿的身心发展水平和特点，以适当的内容、合理有效的方式方法，有目的、有计划地对幼儿进行社会领域教育的活动形式。相比生活、游戏等活动中的渗透教育，专门组织的教育活动具有明确的目的性、计划性、系统性、集中性和指向性，因而其对幼儿社会性发展的影响更直接，更有针对性，短期内的效果更明显。

有的教师在实践中往往以随机渗透教育为由，不去设计专门的教育活动，忽视这种活动的教育效果，导致既没有实施真正意义的随机渗透教育，使随机渗透教育变成随意教育，又没有实施有计划、有目的的专门教育活动，最终无法实现教育目标。

根据社会活动教育目的及内容的不同，以及幼儿发展水平的差异，幼儿园为进行社会领域教育而专门组织的教育活动主要包括参观活动、谈话活动、实践活动、讲述活动、情境教育活动、综合主题活动、独立的集体教育活动、项目活动等多种形式。

1. 参观活动

参观活动是教师根据教育目的和幼儿的生活经验，选择适当的地点，带领幼儿对某一公共设施或社会现象进行的有预期目的的观察活动，它是丰富幼儿的社会认知经验、培养幼儿积极的社会情感态度的重要途径和手段。

参观是一种特殊的观察活动。参观需要幼儿在观察过程中调动多种感官参与感知活动，但是其感知对象范围更大，内容更丰富多样。通过参观，幼儿可以获得更多对社会生活中多种公共设施和社会现象的了解，获得丰富的感性经验。参观过程中，教师适当提示和提问，可以帮助幼儿理解部分成人的工作、他们的工作与每个人正常生活的关系，使幼儿经过感知和思考初步理解社会生活中不同事物之间的联系。例如，教师带领幼儿参观菜市场，幼儿看到市场上琳琅满目的蔬菜、瓜果、肉蛋等无不连声称奇。他们怀着极大的兴趣看菜贩的各种动作、与顾客的讨价还价，并嬉笑着模仿菜贩吆喝……一边看，幼儿一边想着教师的问题："你的家里每天谁买菜，谁做饭?""你的父母做什么工作，怎么挣钱，让你们每天有好东西吃，能在幼儿园和小朋友游戏、学习?"幼儿经过讨论，认识到菜市场、菜贩和大家的生活不能分离，家人每天做饭都是很辛苦的，父母辛苦工作才让他们能每天快乐地来幼儿园……

幼儿社会教育活动案例

1. 活动名称

参观图书馆（大班）

2. 活动目标

（1）幼儿知道图书馆是收藏书籍的地方，人们可以在图书馆看书和借书。

（2）幼儿知道在图书馆看书要安静，学会怎样借阅图书。

（3）幼儿能够爱护书籍，能够激发出对文字的兴趣和求知的欲望。

3. 活动准备

（1）教师联系好参观的地点并确定参观的路线。

（2）教师和解说员备好课。

4. 活动过程

（1）介绍并明确要求

参观前，教师向幼儿介绍参观的地点并提出参观的要求，告诉幼儿图书馆是个安静的地方，进入图书馆后要保持安静，要认真听解说员的介绍。

（2）参观图书馆

到图书馆门口时，教师引导幼儿注意门口的"图书馆"三个字，提醒幼儿轻轻地走进图书馆，有礼貌地与工作人员打招呼。然后，让幼儿在解说员的带领下，边观察边听介绍。

带幼儿参观阅览室时，教师要引导幼儿观察人们是怎样认真、专注地看书的，感受阅览室安静的气氛。带幼儿参观书库时，教师要引导幼儿观察书库里一排排整齐的书架，向幼儿介绍一些书名，让幼儿知道书是帮助人们学习知识用的。

参观结束时，教师组织幼儿向图书馆的工作人员告别，组织幼儿返园。

（3）组织讨论

参观后，教师和幼儿讨论图书馆的作用，使幼儿知道人们看书是为了获得知识，增长智慧，从而激发幼儿的求知欲。

5. 活动建议

当地没有图书馆的幼儿园可联系参观一些单位的阅览室。

6. 活动延伸

安排幼儿参观阅览室、借书处、书库等地方，组织幼儿开展“我们如何办小图书馆”的讨论。如果图书不多，可让幼儿从家中带一些，让幼儿对这些图书进行分类。教师要与幼儿共同制订计划，进行活动。

2. 谈话活动

谈话活动是教师有目的、有计划地引导幼儿围绕某个生活现象或社会现象，联系幼儿已有的生活经验，讲述并讨论自己和他人的感受、看法和经验的活动。谈话活动不同于幼儿之间一般的言语沟通，教师在活动前已明确谈话的目的和主题，谈话过程中教师的主导作用更为突出，由教师引导幼儿朝某一方向发展。

谈话活动能够帮助幼儿整理、归纳已有的生活经验和社会认知经验，使之更加准确化、条理化、清晰化；能够帮助幼儿理解自己和他人的情绪感受，学会逐渐控制自己的情绪，发展自我意识和自我评价的能力。幼儿的谈话活动是在教师引导下的集体语言交流活动，由于每个幼儿生活的家庭和社区背景不同，所以谈话过程中的充分交流能够丰富幼儿社会生活方面的知识经验。谈话中有些来自其他小朋友的信息是幼儿感兴趣的内容，较之教师传授的内容，幼儿对这些信息的理解程度和记忆牢固程度可能会更高。

幼儿社会教育活动案例

1. 活动名称

我的家人（中班）

2. 活动目标

（1）幼儿增进对家庭成员的了解，感受亲情。

（2）幼儿能用语言连贯表达自己的意思。

3. 活动准备

（1）请家长为幼儿准备一张“全家福”照片。

（2）请幼儿平时在家注意观察：家里的人谁会什么？谁喜欢什么？

4. 活动过程

教师自然地引出与家有关的话题。例如，教师问：“今天早上是谁送你上幼儿园的？晚上谁来接你？”然后开始谈话，话题可以是以下内容：

（1）我家都有谁？

请幼儿拿出“全家福”照片，向大家介绍自己的家人。

（2）平时我们在家里干什么？

例如，白天爸爸妈妈上班，晚上全家人一起看电视，星期天逛公园、走亲戚，等等。

（3）最喜欢的人是谁？

例如，家里谁最喜欢我？我最喜欢谁？为什么？

（4）家人的特点、爱好、特长是什么？

例如，爸爸特别有劲，妈妈喜欢吃刀削面，爷爷会养花，等等。如果有的幼儿说不出来，请他回家后再仔细观察。

5. 活动延伸

在自愿的前提下，组织幼儿制作“我的家人”画册，然后讲给大家听。

3. 实践活动

实践活动是指教师有目的地创造一定条件，组织幼儿直接参与某项社会活动，引导幼儿感知、体验和学习某种行为方式或某种劳动技能的教育活动。例如：有很多幼儿园都有意识地在动植物区外，为每个班提供一块让幼儿进行种植活动的场地；有的幼儿园组织幼儿定期进行厨房外的“帮厨”活动，如剥豆荚、做点心；有的教师教幼儿使用剪刀把班里幼儿使用的手纸预先裁好。幼儿的劳动、自我服务既能丰富他们对周围世界的认知，发展动手能力，又是幼儿社会化的一个重要条件。

实践活动对幼儿社会性发展的影响主要体现在以下几个方面：

一是引导幼儿通过实际动手操作和直接体验过程学会一些简单的劳动技能，提高自我服务的能力。当幼儿具有一定的自我服务能力或者参加简单家务劳动和集体劳动的能力时，幼儿常常会因别人的赞扬和看到自己的成果而增强自信心、主动性，这有助于幼儿以积极的态度参与社会生活，可以提升幼儿的自我认识和自我评价。

二是满足幼儿参与成人的社会生活的愿望，使幼儿在活动中获得积极愉快的情感体验。

三是简单的实际操作活动可以帮助幼儿形成对劳动和劳动者的尊重，形成对劳动的正确态度和认识，有助于幼儿学会自尊和尊重他人。

幼儿社会教育活动案例

案例一

1. 活动名称

超市购物（小班、中班、大班）

2. 活动目标

（1）幼儿初步理解钱币和货物的买卖关系。

（2）幼儿初步理解超市的购物特点。

（3）幼儿能自主选择自己喜欢的食物。

3. 活动准备

（1）教师组织幼儿认识钱币的面额，讨论它的作用。

（2）教师到超市考察货物摆放特点、安全性、购物者最少的时间段，与超市工作人员沟通，寻求帮助。教师进行分工，明确每个人照顾幼儿的名单。

（3）教师为每名幼儿准备小面额纸币（小班、中班、大班幼儿分别为5～10元）。

4. 活动过程

（1）教师带领幼儿参观超市水果、面点区域，讨论各种物品的名称、颜色、口味，说说自己喜欢的口味。

（2）教师引导幼儿看食物价格标签，并与自己手中的钱币数量进行对比。大班教师引导幼儿协商集合几个人的钱买共同喜欢的物品。

（3）教师在收银台前检查、提醒幼儿的购物过程。小班幼儿选择自己喜欢的物品，由教师帮助看价格、付款。

（4）回到幼儿园，教师引导幼儿品尝食物并进行讨论。

案例二

1. 活动名称

快乐的植树节（中班）

2. 活动目标

（1）幼儿知道 3 月 12 日是植树节。

（2）幼儿加深对常见树木的认识，了解树木与人类的关系。

（3）幼儿萌发爱护树木及热爱大自然的情感，增强耐心、爱心，体验与同伴共同劳动的喜悦。

3. 活动准备

多媒体课件、8 幅图片、每人 1 个小水桶。

4. 活动过程

（1）引出主题

教师引导幼儿复习所学歌曲《爱护小树苗》，然后通过提问引出主题。

（2）认识树木

教师展示几种常见树木的图片，请幼儿辨认。教师提问："今天老师给小朋友们带来几张树木图片，请大家仔细看一看，然后说出它们的名称。"

教师讲出每种树的一两个主要特征（如桃树会开花、结出桃子），引导幼儿自由讨论。

（3）认识植树节

教师组织幼儿观看多媒体课件，组织幼儿讨论，让幼儿知道每年的 3 月 12 日是植树节。

首先，幼儿通过观看《风沙的危害》课件，了解风沙对人类的危害。然后，教师引导幼儿重点讨论如何避免风沙带来的危害。在讨论的基础上得出结论：树木能阻挡风沙，可避免或减少风沙造成的灾害。因而应多栽树，不砍伐树木，从小爱护树木，保护我们周围的环境。每年人们都要栽树，3 月 12 日是植树节。

（4）师幼讨论植树对人类的好处

例如，树木可净化空气，防风遮雨，夏天人们可在树木下乘凉，树木是小动物的家，等等。

（5）组织幼儿给树木浇水

教师告诉幼儿今天是植树节，幼儿园内栽了许多树木，并组织幼儿给树木浇水。

教师提前在树木上挂好写有树名的牌子（如冬青、柳树、桃树、松树等），加深幼儿认识。幼儿可提小水桶给树木浇水，边浇边说："冬青多多喝水吧。""柳树你也喝点儿吧。""桃树多喝一些，快快结出桃子。"

教师引导幼儿有序给树木浇水，提醒幼儿走路过程中要慢些，不能把水洒在自己及旁边小朋友的衣服和鞋上。

最后，教师对幼儿的劳动给予肯定与评价。

4. 讲述活动

讲述活动是教师以生动形象的语言向幼儿描述某一事物的特征，解释事物之间的联系和相互关系，丰富幼儿社会认知的教育活动形式。讲述活动比较适用于一些不适合幼儿直接感知或幼儿不可能直接感知的社会知识经验，而且在进行过程中应尽可能结合电教手段、故事、图画或情境表演等多种方式来帮助幼儿理解。

幼儿社会教育活动案例

案例一

1. 活动名称

认识少数民族（大班）

2. 活动目标

（1）幼儿初步认识维吾尔族和蒙古族的服饰，了解他们的生活习惯等，知道他们是我国的少数民族。

（2）幼儿初步了解少数民族与汉族生活习惯的不同，知道要尊重少数民族的生活习惯。

3. 活动准备

（1）由四位教师分别扮演不同性别的维吾尔族人、蒙古族人。

（2）准备关于少数民族的教学挂图。

（3）准备一幅大的中国地图。

4. 活动过程

（1）教师展示中国地图，启发幼儿谈话，导入话题

教师请幼儿看地图，告诉幼儿我们的祖国很大，人口很多，有很多的民族，其中汉族人口最多。在我们国家还有几十个民族，由于他们人口较少，所以我们一般称他们为少数民族。

（2）教师引导幼儿认识少数民族的特征

教师告诉幼儿，今天请来了几位少数民族的“客人”，我们要热情招待。

随后，两位维吾尔族“客人”随着音乐跳舞进场。

教师问“客人”:“你们从哪里来?是哪个民族的?”教师请“客人”在地图上指出他们家乡的位置。

教师引导幼儿观察“客人”的服饰，并请“客人”介绍自己。(维吾尔族人都喜欢戴一顶小帽子，女的穿黑色小背心、长裙子，梳很多小辫子，男的穿对襟长袍。维吾尔族人喜欢唱歌、跳舞、弹冬不拉，还喜欢吃烤羊肉。)“客人”拿出哈密瓜、葡萄干等向小朋友介绍新疆的特产，并请幼儿品尝。

接下来，两位蒙古族“客人”随着音乐跳舞进场。

教师问“客人”:“你们从哪里来?是哪个民族的?”教师请“客人”在地图上指出他们家乡的位置。

教师引导幼儿观察“客人”的服饰，并请客人介绍自己。

“客人”帮助幼儿了解内蒙古的一些特产。

(3)学习少数民族的教学挂图

教师展示教学挂图，请幼儿说出图上的这些人是哪个民族的人。

5. 活动延伸

教师在班里布置“新疆”“内蒙古”角，摆放这两个地区的特产，还可请幼儿画出维吾尔族和蒙古族的小朋友。

案例二

1. 活动名称

老北京的小吃(大班)

2. 活动目标

(1)幼儿了解几种具有代表性的北京传统小吃及其特点。

(2)幼儿知道糖葫芦的做法，并能尝试用橡皮泥独立模拟制作糖葫芦。

(3)幼儿感受传统小吃与西式快餐的不同。

3. 活动准备

糖葫芦、驴打滚、艾窝窝、焦圈和豆汁儿等小吃的图片，歌曲《冰糖葫芦》，自制的糖葫芦教具，橡皮泥，图画纸及彩笔。

4. 活动过程

（1）教师展示图片，请幼儿说说自己知道的北京小吃。

（2）教师播放歌曲《冰糖葫芦》，请幼儿说出歌曲名称。

（3）教师展示老北京“十三绝”图片，请幼儿说说自己认识的北京传统小吃。

（4）教师继续展示图片，介绍几种北京传统小吃的做法和特点。

1）驴打滚。驴打滚以前是用黄豆面做成的，现在常用糯米面，里面是软软甜甜的豆沙馅。驴打滚是一种形象比喻，做好后放在黄豆面中滚一下，就像小驴在土上打了一个滚，浑身沾满了土，所以叫驴打滚。

2）艾窝窝。艾窝窝是用糯米蒸熟后摁成圆皮，包上用核桃仁、芝麻仁、瓜子仁、青梅、金糕、白糖拌成的馅做成的。

3）焦圈和豆汁儿。焦圈是用面粉油炸而成，有点像排叉，吃起来又香又酥又脆，老北京人习惯搭配豆汁儿一起吃。豆汁儿是用绿豆磨成的豆浆，发酵以后有些像酸奶。有的人不爱喝，很多老北京人特别爱喝。

4）蜜麻花。蜜麻花的形状像人的耳朵，所以它还有一个很可爱的名字叫“糖耳朵”。它是用面粉加了糖和蜂蜜做的，味道甜蜜。

5）炸酱面。小朋友们都爱吃炸酱面，北京的炸酱面里最独特的是面条上的配菜，它叫面码。正宗的面码一般有十几种配菜，少的也有七八种。常见的配菜有黄瓜、青豆、黄豆、青蒜、芹菜、豆苗、萝卜缨、萝卜丝等。

6）冰糖葫芦（展示教具）。冰糖葫芦是北京冬天常见的小吃之一，一般用山楂串成，糖稀被冻硬，吃起来又酸又甜。从前有人总是不爱吃东西，后来医生就让他吃了几次糖葫芦，他就变得爱吃饭了，所以我们知道山楂可以健胃消食。

（5）教师引导幼儿绘画小吃及制作小吃模型。

教师提问：“小朋友们吃过哪些小吃？最喜欢吃哪一种？为什么？还见过什么小吃？见过用哪些食物做成的糖葫芦？”

幼儿自由回答，教师简要总结。

教师演示用橡皮泥做糖葫芦模型，请幼儿说说怎样做出或画出自己喜欢的小吃。幼儿分小组制作糖葫芦模型或画小吃图。（播放《冰糖葫芦》歌曲，展示糖葫芦图片。）

最后，幼儿展示并自述作品。

5. 活动延伸

（1）教师将幼儿作品展示在主题墙上。

（2）教师让幼儿回家向爸爸妈妈介绍北京小吃，建议家长与幼儿一起品尝北京传统小吃。

5. 情境教育活动

情境教育活动是教师根据教育目标，有意创设某种特定情境或组织扮演活动，使幼儿在特定的环境气氛中受到感染，因情感作用而获得社会性发展的社会教育活动。

幼儿的情绪情感尚处于发展过程之中，其情绪自控能力不强，而且极易受周围环境的影响，这就使情境教育活动成为一种促进幼儿积极的社会性发展的活动形式，并且是一种行之有效的重要活动形式。

例如，教师组织幼儿观看木偶戏《小熊分饼》，幼儿边看边大声着急地告诉小熊："别让狐狸都吃光了！"看完表演，幼儿纷纷议论："如果小熊兄弟都懂得谦让，就不会被坏狐狸给骗了。""要是狐狸碰到我们，肯定没办法了。"……在为小熊兄弟着急、为坏狐狸生气的同时，幼儿进一步理解了谦让的意义。

教育实例

一所幼儿园的几名幼儿在户外活动时，经常爬到假山上向下面的小朋友撩水。有一天，教师趁他们不注意时，把一个全班幼儿都很喜欢的玩具娃娃放到假山下，幼儿再一次往下撩水时就把娃娃淋得很湿。几个小姑娘看到娃娃完全变了模样，难过得哭起来。其他幼儿看到这样，也都很难过，几个撩水的幼儿更是低头不语。

幼儿看到自己行为的后果和给他人带来的苦恼，很是后悔，主动向教师承认错误，以后也没有再发生类似的事情。当看见有其他班小朋友爬上假山时，他们会主动提醒小朋友要小心，不要撩水玩。

6. 综合主题活动

幼儿社会教育内容的范围很广，幼儿的社会生活丰富多样，而且幼儿的发展又是身心相互影响、相互促进的整体发展的过程，这就决定了幼儿社会领域专门的教育活动应尽可能避免单一的活动模式，而应围绕着幼儿社会性发展的具体目标，以多种形式和手段进行。事实上，多领域、多途径、多形式进行的幼儿社会领域综合性教育活动更加有效，也更符合幼儿好奇、好动、好模仿、喜欢变化的学习特点。

综合主题活动是指以促进幼儿社会性发展的某些方面内容为主题，将主题内容渗透于五大领域的不同活动中，在一定时间内完成的社会教育活动，因此又可以称为“单元主题活动”。围绕一个主题设计的多个小的教育活动目标既指向幼儿社会性发展目标，又分别指向不同领域的教育目标，对幼儿身心发展的影响是持续的、综合的。

幼儿社会教育活动案例

主题活动——节约小能手（中班）

1. 主题背景

幼儿刚刚从小班升入中班，日常生活中经常出现掉饭、浪费水等现象。而节约是每个社会成员都需要具有的美德，也是环保的要求。教育幼儿从生活中点点滴滴的节约做起，不仅可以使幼儿关心身边的生活环境，还可以帮助他们了解人与环境的关系，懂得保护环境就是保护地球。

2. 主题目标

（1）幼儿在感受和体验活动中萌发环保的意识，养成环保的习惯。

（2）幼儿知道环境污染的危害，愿意为维护环境清洁卫生做一些力所能及的事。

（3）幼儿能够用多种形式来表达自己的各种感受和想法，如绘画、手工制作等。

（4）幼儿能简单地评价自己和他人的行为，能初步判断某些行为的对与错。

（5）幼儿能运用熟悉和喜欢的图形、材料进行多种简单装饰。

3. 主题活动构成

语言活动：怕浪费婆婆。

实践活动：大家来帮忙。

家园合作活动：一起来做饭（亲子活动）。

手工制作活动：粮食来之不易。

音乐活动：歌唱《我是一粒米》。

体育活动：给小动物运食物。

活动一

1. 活动名称

怕浪费婆婆

2. 活动目标

（1）情感

幼儿愿意参与到节约行动中来，如喜欢看绘本《怕浪费婆婆》，并愿意讲给别人听。

（2）能力

幼儿能根据连续画面提供的信息大致说出故事情节。

（3）知识

幼儿知道造成浪费的行为是不对的，生活中有很多东西是可以反复使用、变废为宝的。

3. 活动准备

（1）精神准备

幼儿自主阅读绘本《怕浪费婆婆》，并能大体讲出内容，明白浪费是一种不好的行为。

（2）物质准备

绘本《怕浪费婆婆》及相应的幻灯片。

4. 活动过程

（1）教师引导幼儿自主阅读绘本《怕浪费婆婆》

教师让图书区里的幼儿自己阅读绘本《怕浪费婆婆》，并随意讨论。幼儿被书中的怕浪费婆婆逗得哈哈大笑，觉得故事很有意思。

教师提问："请小朋友们自己先看书，看一看书里面都讲了什么故事。"

幼儿看完后，教师请他们相互讲一讲自己对绘本的理解。

（2）教师通过提问，引导幼儿说出故事大致情节

教师提问："书中讲了什么故事？（或你在书里都看到了什么画面？）看书后你知道了什么？（或谁能说一说这个画面讲了一件什么事？）"

教师根据幼儿说出的画面展示幻灯片，并请他们说一说画面情节。

（3）教师引导幼儿理解什么是节约

教师展示关键的几张变废为宝的图片，提问："怕浪费婆婆每当看见小朋友浪费东西，会唠叨什么？怕浪费婆婆又提出了什么样的神奇创意？她为什么这样做？她这种行为叫什么？你们知道为什么要节约吗？"

教师总结："怕浪费婆婆愿意看见小朋友不浪费东西，还能变废为宝呀！节约是一种美德，浪费是一种不好的行为。其实生活中有许多东西我们可以再利用，许多东西是可以变废为宝的。"

（4）教师分享生活中的变废为宝实例

教师提问："说一说我们小朋友、老师、家长在生活中是怎样节约的？找一找班级中变废为宝的具体实例。"

活动二

1. 活动名称

大家来帮忙

2. 活动目标

（1）情感

幼儿能体会食堂厨师叔叔为小朋友做饭的辛苦。

（2）能力

幼儿能基本完整地讲述自己搬菜、择菜、炒菜的感受，懂得尊重食堂厨师叔叔的劳动，珍惜劳动成果。

（3）知识

幼儿知道自己吃的饭来之不易。

3. 活动准备

（1）精神准备

一些幼儿体验过搬菜与择菜，幼儿愿意参与到体验活动中，知道自己要完成的任务，参观过食堂厨师的工作。

（2）物质准备

豌豆。

4. 活动过程

（1）请当天的值日生体验搬菜

教师结合照片，请当天的值日生和其他小朋友分享自己搬菜的感受。

教师提问：“你们参与搬菜有什么感受？搬菜沉不沉、凉不凉、累不累？食堂厨师叔叔每天都要搬全幼儿园小朋友吃的菜会怎么样？他们身体哪里会不舒服？会疼吗？”

（2）大家一起来择菜

教师引导语：“其实搬菜只是食堂厨师叔叔每天工作的一部分，他们还需要择菜、洗菜。你们愿意帮助食堂厨师叔叔择菜吗？今天，我们要择出全幼儿园小朋友吃的菜，你们愿意吗？我们一定要完成任务！”

教师提出剥豌豆的要求，要求幼儿把豌豆里的豆籽都取出来并放到盆里，还要检查豆子，坏的要扔掉。

教师组织幼儿一起剥豌豆。

（3）说一说剥豌豆的感受

教师提问：“我们剥豌豆有什么感受？食堂厨师叔叔每天都要做这个工作，而且一日三餐都要做，他们会有什么感受？我们在吃饭的时候应该怎样做？”

教师总结：“一顿饭做熟了真不容易。食堂厨师叔叔真辛苦，为了大家能吃上香喷喷的饭菜，不怕脏、不怕累。所以，我们在吃饭时一定不要掉饭菜，不剩饭，不浪费。周末请小朋友们回家和你们的爸爸妈妈共同做一次饭菜，并把你们的感受记录下来。”

活动三

1. 活动名称

一起来做饭（亲子活动）

2. 活动目标

（1）情感

幼儿感受做饭的辛苦。

（2）能力

幼儿敢于尝试做饭这个有一定难度的活动和任务，能够在家长的指导下用多种方式记录自己做饭的感受。

（3）知识

幼儿认识做饭的原材料，熟悉做饭的过程。

3. 活动准备

（1）精神准备

教师提前取得家长的配合，并请家长进行录像。

（2）物质准备

任务卡。

4. 活动过程

（1）确定任务卡内容

教师提问："如果要在家做一顿饭，我们要做哪些准备工作？"

（2）制作任务卡

教师引导语："现在老师要发给每个小朋友一张任务卡，大家看看是什么任务？请你们和爸爸妈妈一起完成这个任务，完成哪个任务就在卡片后面做出标记。"

（3）亲子活动

幼儿和爸爸妈妈一起做饭。

活动四

1. 活动名称

粮食来之不易

2. 活动目标

（1）情感

幼儿感受粮食来之不易，珍惜为之辛苦付出的老师和家长。

（2）能力

幼儿能够用多种途径向全园小朋友进行爱惜粮食的宣传。

（3）知识

幼儿掌握制作宣传海报的有关知识。

3. 活动准备

（1）精神准备

幼儿已经对搬菜、择菜、做饭等有了感受，知道粮食来之不易。

（2）物质准备

笔、纸、幼儿做饭的感受记录卡、动画短片《爱惜粮食》。

4. 活动过程

（1）请几个小朋友介绍自己做饭的过程和感受

教师提出以下问题：①为了做饭，你们都做了哪些事情？用了多长时间？②做饭的时候你们有什么感受？③你们的家长和食堂的厨师叔叔每天都要做三次饭，而且做那么多人的饭，他们会是什么感觉？④你们想对他们说些什么呢？⑤他们那么辛苦地做好一顿饭，我们应该怎样做才能不辜负他们辛苦的付出呢？

（2）播放动画短片《爱惜粮食》

教师引导语："在一些边远山区还有很多小朋友吃不上饭。"

教师播放幻灯片并提问："看到这些没有饭吃、没有衣穿的孩子，你们有什么感受？"

教师总结："我们要节约粮食，让更多的小朋友能吃上热乎乎、有营养的饭菜。"

（3）制作宣传海报

教师提问："我们都知道要节约粮食，那么有什么办法能让全园小朋友都知道要节约粮食呢？"

教师介绍："有一种宣传方式叫宣传海报，咱们可以把节约粮食的好方法记录下来，让每个小朋友都能看到。"

教师提问："但是幼儿园有的小朋友不认识字，怎么办？"

教师将幼儿分为三组，制作宣传海报。幼儿可以和教师一起制作宣传海报，也可以用自己的方式进行宣传。教师提出要求："海报要让别人一看就知道你想说什么，大家要商量好谁做什么事情。"

幼儿制作海报并分享每组的海报内容。

教师提问："我们可以把海报放到哪里，让全园小朋友都能知道呢？"

活动 五

1. 活动名称

歌唱《我是一粒米》

2. 活动目标

（1）幼儿能初步跟唱歌曲，能用自然声音演唱。

（2）幼儿能感知歌曲大意，知道粮食来之不易。

3. 活动过程

（1）幼儿完整听歌曲，说出歌词。

（2）幼儿完整听歌曲，尝试跟唱。

（3）教师分句讲解歌词，幼儿分句跟唱。

（4）幼儿尝试完整跟唱。

（5）教师弹琴，幼儿尝试自己跟唱。

活动 六

1. 活动名称

给小动物运食物

2. 活动目标

（1）幼儿能够按照规则进行游戏。

（2）幼儿提高身体动作的协调性。

（3）幼儿增强冬天对室内外空气变化的适应能力。

3. 活动准备

（1）准备户外宽敞、安全的场地。

（2）教师画出长的线条和格子，点出相应的点。

（3）教师准备六个篮子（每组一个），以及纸制食物模型和水果模型等。

4. 活动过程

（1）教师讲解游戏规则，要求幼儿必须按照画出的线条行走，遇到小点要跳过去。讲解后请幼儿按照要求先演示一下。

（2）幼儿分组进行活动，从起点出发，到终点拿“食物”返回起点，放进篮子里。

（3）幼儿自评自己的表现，说说自己的感受。

5. 活动延伸

（1）手拉手活动

目标：幼儿感受一些贫困地区小朋友的生活，愿意献出自己的爱心。

内容：幼儿走到“手拉手”幼儿园，感受他们的环境与饭菜，愿意奉献自己的爱心。

（2）绘制环保袋

目标：幼儿知道环保袋是环保的一种体现，会用自己喜欢的线条、花纹、图案装饰环保袋。

内容：幼儿用自己喜欢的方式装饰环保袋，宣传环保。

（3）垃圾分类

目标：幼儿通过游戏知道垃圾分类的基本方法，知道不同垃圾应该投放在哪里。

内容：幼儿了解垃圾的种类，共同设计制作班级分类垃圾箱。

（4）节约用水

目标：幼儿感知水的重要性，知道节约用水。

内容：幼儿没能及时喝到水，通过渴的感受知道水的重要性，通过交流、看短片知道水的重要性，讨论节约用水的方法。

下面两张照片是主题活动后幼儿的表现。照片 1 是幼儿在用筷子吃饭时，为了避免掉饭粒，讨论“把饭碗靠近小胸脯就好了”，午餐时他们互相提醒，饭碗贴近自己的身体以免掉饭粒。照片 2 是午饭时，小朋友用筷子反复多次夹残留在碗壁上的米粒，直到碗里干干净净。

照片 1

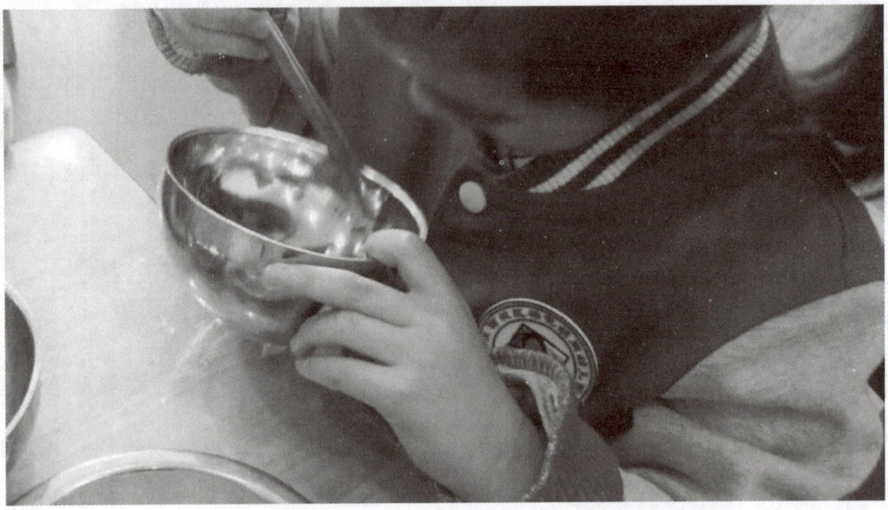

照片2

7. 独立的集体教育活动

教师根据社会教育的内容和幼儿的发展需要，会经常进行一些独立的集体教育活动。由于教师准备计划充分、目标明确、教育过程清楚、内容准确，这类活动可以使幼儿在短时间内准确学到一定的社会知识和技能。当这种教育活动与日常生活其他环节的社会教育相互联系时，就能使幼儿社会教育起到事半功倍的效果。

幼儿社会教育活动案例

案例一

1. 活动名称

我是中国人（大班）

2. 活动目标

（1）幼儿了解中国国旗的特征。

（2）幼儿了解中国人的外貌特征，能从外貌主要特征上区分黄种人与其他肤色人种。

（3）幼儿初步了解中国在国际上影响较大的几方面成就，产生身为中国人的自豪感。

3. 活动准备

（1）歌曲《国旗国旗多美丽》、中国运动员在奥运会上领奖的视频。

（2）不同年龄的黄种人、黑种人、白种人图片数张。

4. 活动过程

（1）引导观察

教师展示人物图片，引导幼儿从五官、肤色、头发等方面认识不同人种，认识黄种人的外貌特征。

教师请幼儿分组观察不同人种图片并进行比较，知道中国人是黑头发、黑眼睛、黄皮肤的黄种人，知道黄种人与其他人种主要外貌特征的区别。

（2）播放视频和歌曲

教师播放奥运会上中国运动员领冠军奖的视频，请幼儿说说看到、听到了什么，引导幼儿感受“领奖、国歌、国旗”的关系。

教师播放歌曲《国旗国旗多美丽》，请幼儿说出歌曲的名字，描述中国国旗的图案和颜色。

教师小结：“中国的国旗是鲜红色的，左上角有一颗金黄色大的五角星，四颗小星星围绕在它的周围，就像一个妈妈和四个孩子一样。”

（3）组织讨论

教师请幼儿讨论，说一说自己知道的国家大事。教师告诉幼儿：中国 2008 年举办了奥运会，有航天飞机在太空载人飞行，还有蛟龙号潜艇在深海探测，南极有中国的科考站，等等。

5. 活动延伸

（1）在升旗活动中，教师组织开展争做小旗手的活动。

（2）教师设立科学区，引导幼儿观察地球仪、中国地图、世界地图等。

案例二

1. 活动名称

感恩（大班）

2. 活动目标

（1）幼儿熟悉《爱心树》的故事内容。

（2）幼儿懂得父母长辈、教师和同伴对自己的爱并懂得感恩。

3. 活动准备

（1）树的模型、苹果模型。

（2）歌曲《感恩歌》。

4. 活动过程

（1）活动导入

教师展示大树模型，引出故事《爱心树》。

教师给幼儿分段讲述《爱心树》的故事，引导幼儿猜测故事的发展。

教师提问："小男孩向大树索取了哪些东西？大树有什么反应？大树心情有什么变化？大树为小男孩付出了什么？"

（2）教师引导幼儿分析故事，感受爱的情感

教师引导幼儿思考自己家里谁就像大树一样。

幼儿利用道具复述故事，说出大树对小男孩的爱。

（3）教师引导幼儿回忆和感受爱与感恩

教师播放歌曲《感恩歌》，请幼儿闭上眼睛，想一想父母对自己的爱和付出，想一想老师和同伴对自己的帮助。

教师请幼儿说说父母对自己的爱和付出，自己可以怎样表达对父母的爱。

教师引导幼儿知道要对父母感恩，对老师和小伙伴给自己的帮助要及时表示感谢。

5. 活动延伸

（1）教师请幼儿想一想，回家可以帮助父母做哪些力所能及的事情，并让幼儿对父母说一句"我爱您"。

（2）教师提醒幼儿，对给自己帮助的人要及时说一句"谢谢"，学会感恩。

8. 项目活动

项目活动是指教师发现幼儿感兴趣的话题，而该话题可能对幼儿发展有很全面、很好的影响，于是建议、引导幼儿就某一个话题进行不断深入的发现、尝试、实践的教育活动。幼儿在这种活动进行过程中不断提出和尝试解决问题并最终顺利完成活动的过程，是他们力所能及的，这既能充分满足幼儿的控制感，又能促进幼儿综合发展。

教育实例

幼儿在角色游戏区玩时，有一位小朋友说起周末跟爸爸妈妈去市场很好玩，教师就问角色游戏区的小朋友是否想玩市场游戏，结果全班幼儿开始讨论，希望在班里玩一个“开服装店”的游戏。经过教师的引导帮助，大家进行了如下的活动：

（1）幼儿讨论开“服装店”都需要什么。

（2）幼儿跟着父母去各种服装店观察、体验。

（3）幼儿回来对照第一项，讨论参观体验后决定需要补充的东西。例如，有的幼儿提出，新衣服上应该有个吊牌。

（4）幼儿给“服装店”起名字。

（5）幼儿分成三个或四个小组，分别准备“服装店”所需材料（如服务设施、收银人员和材料等）。

（6）全体人员分组，各司其职进行活动。

其中（1）（2）（3）（4）几个环节至少需要一个星期的时间，环节（5）需要家长配合，在一个星期左右完成。因为幼儿自己感兴趣，又是自主进行的，所以这个游戏会持续很长时间。游戏可以面向全园进行，以增加游戏乐趣。

与综合主题活动相比，项目活动时间可长可短，内容可粗可细。因为主题来自幼儿的发现，幼儿更有兴趣，更积极主动，活动更深入，所以对幼儿的学习发展促进作用更强。

三、家园合作的社会教育活动

家庭是幼儿成长最自然、最初的生态及社会的环境，因此成为幼儿的第一所学校，家长自然是幼儿成长过程中的第一任老师。幼儿社会情感态度、行为方式习惯和社会知识经验无不深刻、长远地刻画出家庭的烙印和父母的影子，并长期影响幼儿成长过程中的社会化过程。幼儿园进行社会领域的教育，必须了解幼儿的家庭特点，取得幼儿家人的配合，家庭和幼儿园互相联系、互相配合、互相促进，才能真正实现社会教育的目标。

幼儿园教师是经过专业学习和培训的专业人员。在家园合作中，教师理应起到更积极主动的主导作用，通过家访、填写家园联系手册、家长开放日、亲子活动、家长委员会和家长学校等多种方式，帮助家长树立正确的教育观念，掌握科学的教育方法，引导家长积极参与和配合幼儿园的教育工作。

教师与家长密切沟通、密切合作，对幼儿社会领域教育的意义主要在于：教师可以了解幼儿的家庭状况和教育状况，进一步了解幼儿的兴趣特点、生活习惯、个性特点和认知水平等，能够更有针对性地促进幼儿社会性的积极发展；同时，使幼儿园和家庭对幼儿的社会教育尽可能保持步调一致，充分发挥教育的整体效应，避免互相掣肘，使双方对幼儿的社会教育取得事半功倍之效。

亲子教育活动

图片说明：教师与家长共同教幼儿洗浴的亲子教育活动。

思考·练习

一、简答题

教师在设计幼儿社会教育活动时应掌握哪些原则和方法？

二、分析判断题

判断下列哪些幼儿社会教育的内容或方式方法相对正确，哪些相对错误。

1. 幼儿通过背诵《弟子规》掌握行为规范。
2. 小班幼儿一边唱《洗手歌》一边洗手。
3. 教师组织幼儿阅读绘本《怕浪费婆婆》，引导幼儿懂得节约。
4. 幼儿体验择菜、揉小馒头，感受饭菜来之不易。
5. 教师组织幼儿模拟交通场景，进行户外游戏。

6. 幼儿学习诗歌《悯农》，感受饭菜来之不易。

其中，幼儿社会教育的内容或方式方法相对正确的是_________，相对错误的是_________。

三、实践练习题

1. 参考《北京市贯彻〈幼儿园教育指导纲要（试行）〉实施细则》的内容，分别就幼儿社会教育活动的不同形式和方法尝试设计教案。

2. 参观幼儿园的活动区，分析某一个活动区对幼儿社会性发展的积极影响，并分析还有哪些需要改进的地方，以更好地促进幼儿的社会学习。

第四章 幼儿社会教育活动实施

学习目标

- 掌握幼儿社会学习的特点。
- 掌握幼儿社会教育活动实施的原则。
- 掌握并能灵活使用幼儿社会教育活动实施的方法。

幼儿社会教育存在于幼儿园日常生活的各个环节，教师应保持高度敏感，及时捕捉教育机会，根据幼儿社会学习的方式和特点，采取适当的教育方法来实现幼儿社会教育的目标。

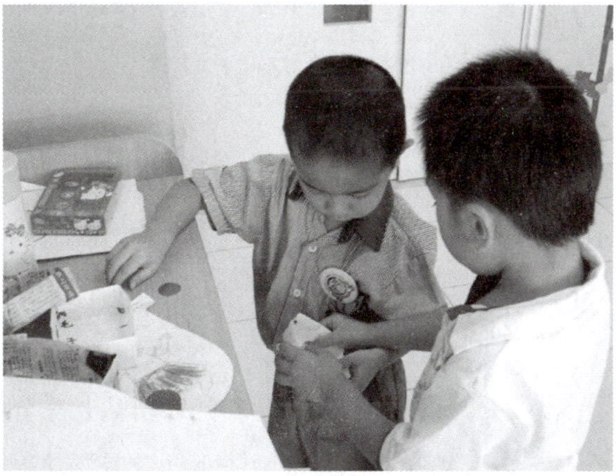

中班手工课

图片说明：一名不爱说话的幼儿主动帮助同伴做手工。

第一节　幼儿社会学习的特点

从一个自然人逐渐成长为一个社会人，是人社会化的过程，也是幼儿在与周围环境相互作用的过程中不断进行社会学习的过程。幼儿社会学习的能力和水平与其生理、心理发展的水平和特点紧密联系。不同年龄的幼儿，其社会学习具有不同的特点，但整个幼儿期的社会学习在某些方面也表现出一些普遍性的特点。

一、随机性和无意性

社会常识蕴含在生活的方方面面中，每个人每天都在进行不同内容的社会生活，社会学习无处不在、无时不在。幼儿学习掌握必要的行为规范、进行人际交往、形成正确的自我意识以及社会认知等方面的社会学习，是在游戏、生活中无意识地随时随处进行的，带有明显的随机性和无意性。例如，不同年龄幼儿都喜欢进行各种角色游戏，这是因为游戏既能满足他们交往的需要、参与社会生活的需要，使他们感到愉悦，同时又能帮助幼儿掌握交往的态度和方法（如轮流、协商等），并且丰富他们对不同职业特征和社会角色的认识。又如，在进餐过程中，幼儿可以随时练习、掌握一些良好的文明卫生习惯，并懂得珍惜食物，养成节约的美德。再如：当教师对幼儿说“食堂厨师叔叔做出的饭菜多么鲜美，我们要谢谢他们”时，幼儿不仅感受、学习到对别人的真诚赞美，并且懂得尊重为自己服务的人；当成人看到环卫工人在清扫马路，随口对孩子说“不好好学习，长大只能扫大街”这样的话时，在孩子幼小的心灵里也埋下了不尊重体力劳动、不平等待人的种子。

幼儿社会学习的随机性和无意性，为教师引导幼儿的社会学习提供了多种机会，这就要求教师带着明确的教育意识，敏锐地捕捉教育机会，及时引导，促进幼儿社会性的发展。根据幼儿社会学习的随机性和无意性，教师在日常工作中应注意以下几点：

一是要为幼儿的社会学习营造适宜的环境。教师要给幼儿充分的自由活动空间、时间、材料等，使幼儿在与环境的相互作用过程中能主动学习、获得发展。同时，教师要有意识地在物质环境中巧妙安排，使幼儿学习掌握社会知识，使幼儿自己去发现、理解、练习。例如，幼儿园在集体活动场所设置某些模拟交通规则的警示标志，幼儿在游戏中就会自觉地遵守规则，并且能提醒别的小朋友不要违规。在幼儿自由活动中，教师要密切观察幼儿的行为表现，及时抓住教育机会，纠正幼儿的错误，帮助他们发展社会认知，形成良好的行为习惯。

教育实例

实例一

一名小学生各科学习成绩都很不好，在班集体中始终郁郁寡欢，上课注意力不集中，凡事也没有热情。有一天上自习课时，同学们都在认真做作业，这名小学生却写写停停，一会儿东张西望，一会儿玩弄文具。教师看在眼里，没有说什么。交作业时，教师在这个小姑娘耳边轻声说了一句话。从此，小姑娘彻底改变，学习成绩越来越好，在集体活动中的态度也越发积极开朗。若干年后，已经成为大学生的她告诉儿时伙伴，老师当时在她的耳边说的那句话是："我希望你是我的女儿。"

实例二

某幼儿园中班，早餐过后是幼儿自由活动时间，晶晶和蕊蕊为一把椅子发生了争执。教师走过来，蹲在她们的身边轻轻问："还记得老师讲过的《小羊过桥》的故事吗？"晶晶想了想说："记得。小黑羊和小白羊谁也不让谁，就都掉到河里了。"接着，她对蕊蕊说："你坐这把椅子吧，我再拿一把。"

二是教师应注意自身的言行举止对幼儿社会学习的影响。现代社会的发展使众多年幼的孩子长时间离开父母，由社会集体保育和教育机构照顾和教育。在人生最初的关键期，幼儿与教师、同伴相处的时间可能要超过与父母家人相处的时间。在长期的相互作用过程中，幼儿会受到教师潜移默化的、深远的影响。例如：教师的活泼开朗会影响幼儿参与活动的热情，教师无意中对幼儿的一句评价，如"你折的小青蛙太可爱了"，会使幼儿"折纸不疲"，并且不断把他的"成果"展示给教师和其他幼儿；反之，如果教师对幼儿说一句"你连一只小青蛙都折不好"，他可能会因此降低自我评价，这就会影响他自尊心和自信心的形成。

孩子们从生活中学习

多萝西·洛·诺尔特

如果一个孩子生活在批评之中，他就学会了谴责；
如果一个孩子生活在敌意之中，他就学会了争斗；
如果一个孩子生活在恐惧之中，他就学会了忧虑；
如果一个孩子生活在怜悯之中，他就学会了自责；
如果一个孩子生活在讽刺之中，他就学会了害羞；
如果一个孩子生活在忌妒之中，他就学会了忌妒；
如果一个孩子生活在耻辱之中，他就学会了内疚；
如果一个孩子生活在鼓励之中，他就学会了自信；
如果一个孩子生活在宽容之中，他就学会了耐心；
如果一个孩子生活在表扬之中，他就学会了感激；
如果一个孩子生活在接受之中，他就学会了爱；
如果一个孩子生活在赞许之中，他就学会了自爱；
如果一个孩子生活在认可之中，他就学会了确立目标；
如果一个孩子生活在分享之中，他就学会了慷慨；
如果一个孩子生活在诚实和正直之中，他就学会了诚信和公正；
如果一个孩子生活在安全之中，他就学会了相信自己和周围的人；
如果一个孩子生活在友爱之中，他就明白了这世界是生活的好地方；
如果一个孩子生活在真诚之中，他就学会了头脑平静地生活。

教师与幼儿一起做游戏

图片说明：幼儿的活动积极性和效果受教师态度和参与程度的影响。

二、长期性和反复性

人的一生需要不断地进行社会学习，在不同的年龄阶段和活动场所，就要扮演不同的社会角色，按照社会对不同角色的要求做出判断，调整自己的行为以适应社会生活。因此，每个人的社会学习都是长期的过程，也是终生的任务。对于处于人生基础阶段的幼儿来说，社会学习虽然比较简单、具体，但同样是一个长期的过程。另外，幼儿养成良好的行为习惯，发展各方面的社会认知能力，也是一个缓慢、长期积累的过程。

幼儿由于生理、心理发展都不完善，所以自我控制能力不强，多种行为带有明显的无意性，意识不稳定。这使他们的社会学习经常出现反复现象，特别是在环境发生改变时，幼儿已形成的某些行为方式就会改变。例如，幼儿在幼儿园和小朋友游戏时学会了分享玩具，但是回家后以独生子女为中心的环境，又使幼儿容易形成独占的行为习惯。

由于幼儿社会学习的长期性和反复性，教师在工作中应注意以下几点：

一是社会常识教育一定要有目的、有计划地长期进行，渗透于幼儿的生活、学习、游戏等各种活动中，坚持不懈。这需要教师耐心细致地长期坚持进行，教师不能急于求成，要明白“十年树木，百年树人”的道理。帮助幼儿积极地适应社会生活是一个长期的过程，任何拔苗助长、急功近利的行为都可能影响幼儿一生的发展。

二是教师对待幼儿学习过程中的各种问题要有热心、耐心和爱心。特别是当幼儿出现反复的不理解和错误的行为时，教师应耐心细致地给予正面引导，清楚、具体、明确地讲解示范，不能因为幼儿的反复而放弃教育的责任。

三、兴趣性和差异性

幼儿好奇好动的特点使他们更多地注意有趣的事情，各种新奇、活动的事物都容易引起他们的关注、模仿。幼儿在社会学习过程中也表现出明显的兴趣性，引起他们注意的人、行为和事情，就会成为他们模仿学习的对象，而这些社会内容与幼儿的生活经验、认识水平、个性特点密不可分。例如，幼儿会模仿教师“给小朋友讲故事”，模仿警察“指挥交通”，通过扮演角色不自觉地认识不同社会角色的特点。又如，很多幼儿会因为希望别的小朋友能和自己一起玩耍，而约束自己不再独占玩具或有意控制自己的攻击行为，还有的幼儿对成人的行为很好奇而去模仿……

幼儿的社会学习过程不仅因个人的兴趣不同而表现出明显差异，而且由于生活环境及生理、心理发展水平不同，以及性别、个性等方面的不同而表现出明显的个体差异。

例如，同样是一起在路边玩耍，有的幼儿喜欢模仿警察，有的关注汽车，有的却在模仿行人走路的样子。又如，在同一个班里，有的幼儿能够独自玩积木，连续三天不关注别的玩具和小朋友，只是搭积木，守护他的“成果”，有的幼儿却不能安静地自己做游戏。

幼儿社会学习的兴趣性为教师合理引导幼儿，对幼儿进行有效的社会常识教育提供了良好条件和机会。而幼儿社会学习的差异性不仅说明幼儿发展的个体差异，更说明社会领域教育的广泛性和内容的丰富性。由于幼儿社会学习的兴趣性和差异性，教师在教育工作中应该注意以下几点：

一是教师要尊重幼儿社会学习的兴趣性，丰富幼儿的生活经验，为幼儿安排丰富多彩的活动，使他们获得多种体验。教师自己对事情的好奇、对周围事物的关注、童心未泯的表现，也能进一步激发幼儿的学习兴趣。

二是教师要保护幼儿的好奇心和学习兴趣，特别是由于幼儿因知识经验不足而好奇模仿了我们不希望他特别注意的事情时，更应耐心讲道理，引导幼儿认识对错美丑，而不要简单甚至粗暴地指责。例如，有一些幼儿会模仿电视节目上一些男女交往的内容（如说要和谁结婚，或者搂着别的小朋友等），或者学说在公交车上听到的吵骂等。对这些行为，教师既不能简单批评，也不可一笑而过。如果教师看到后只是觉得好笑而没有引导幼儿分析道理，可能会成为一种消极强化，巩固其错误行为。所以，保护幼儿的好奇心，尊重幼儿学习的兴趣性，并不意味着放任自流。

三是教师要尊重幼儿社会学习的个体差异性。幼儿的每日活动内容丰富，可以适应不同幼儿社会学习的需要。在社会常识教育活动过程中，教育目标的多层次化、活动内容的多样化、指导幼儿的个别化，都是满足不同幼儿社会性发展的必要条件。对于幼儿发展的不同水平和特点，教师要避免使用一个标准来衡量、评判。

四、实践性

幼儿的社会学习必须经过由外化到内化的过程，社会实践是从外化到内化的桥梁。在掌握社会行为规范、交往准则过程中，幼儿首先是被要求，然后在实践活动中自己体验，并转化为自己的行为规范。这个从外化到内化的过程，就是幼儿进行社会实践的过程。

成人要求幼儿做一件事情时，幼儿不一定真正明白这件事情的意义，以后遇到类似情境可能还是不按照要求做。只有当幼儿自己在活动中主动做了，才能证明他真正掌握了社会行为规范。这就要求教师在工作中一定要给幼儿实践的机会，不要认为小孩子没有知识经验，凡事一定要由成人一一带领。要给幼儿发现、感受、练习、巩固的机会，避免僵硬的说教或脱离幼儿生活经验和感觉的主观安排。

下面一组图片表现了幼儿在图书区读书时发现问题后，经过大家的讨论，制定出了图书区的活动规则。

幼儿在图书区活动时发现的问题

图片说明：幼儿发现的问题有抢书，随便开关灯，不按标记收放图书，乱扔图书等。

幼儿对问题后果的讨论

图片说明：幼儿讨论问题可能产生的后果，如电灯坏了小朋友没法看书等。

幼儿制定的图书区活动规则

图片说明：幼儿制定出规则，如说话要轻声等。

教育实例

某幼儿园中班在午餐前，做值日生的小朋友乐乐和佳佳到教师面前领餐具。教师把碗给乐乐让他发碗，这时佳佳走来对乐乐说：“我要发碗。”乐乐说：“老师让我发碗。”此时佳佳不说话，直接伸手抢乐乐手里的碗。乐乐就说：“那给你发吧。”然后把碗给了乐乐，又对老师说：“老师，我没发碗，佳佳发碗了。”教师问乐乐：“你为什么要给她呀？”乐乐说：“她抢碗，就给她吧。小朋友要友爱，不能打架。”教师笑着说：“乐乐是个好孩子，你发筷子吧。”

五、观察模仿是幼儿社会学习的主要方法

幼儿的社会行为是学习的结果，而他们的学习主要是以观察、模仿的方式进行的。尽管幼儿对多种事物的观察是在无意中进行的，但是，幼儿在与周围环境的相互作用过程中，对各种环境因素的观察随时随地都在进行着，成人的言谈举止、小朋友交往的情感态度变化等都被幼儿悄然收进眼底，在他们的头脑里留下或深或浅的印象，纳入幼儿的经验系统中。

比一比，谁更勇敢

图片说明：一名幼儿在“攀岩”，教师表扬他勇敢，立刻有数名幼儿都来“攀岩”。

知识卡

班图拉实验

美国心理学家班图拉做过一个著名的实验。他把幼儿随机分成A，B，C三个小组，分别让他们观看一个短小的录像片，内容是一个成人用力击打一个娃娃，但三组幼儿看到的录像片结尾内容有很大区别。A组幼儿看到的是，成人击打娃娃后，又出现一个成人对他口头表扬并给以糖果奖励；B组幼儿看到的是，成人击打娃娃后，另外出现的一个成人怒气冲冲地指责他；C组幼儿看到的是，成人击打娃娃后片子就结束了，他既没有得到奖励，也没有受到惩罚。

随后，实验者把三组幼儿分别带进与录像情境相同的实验情境中（幼儿可以随意拿到娃娃），让他们自由活动10分钟，以观察研究他们是否受到录像片内容的影响，即是否“学习”了片中成人的攻击行为。结果，在自由活动状态下，A组幼儿击打娃娃的次数最多，B组最少。但是当实验者宣布击打娃娃可以得到奖励时，A，B，C三组幼儿都发生了击打娃娃的行为。

班图拉的实验说明，幼儿在没有成人直接引导的情况下，能主动地以观察模仿的方式学习周围环境中能引起他注意的各种事物。这种以观察模仿的方式进行的社会学习可以表现出两种情况：一种是在观察学习后，在他的行为中表现出了相应的外显行为；另一种是观察学习后，在他的行为中并没有很快表现出该行为，但实际上他已经学习了，只是处于内隐状态而已。

班图拉用实验说明，人的行为可以通过观察别人的行为来学习。后人称这种社会学习理论为观察学习理论。班图拉认为，观察学习过程包括以下四个环节：

1. 注意

在观察学习中，选择性注意是关键因素之一。只有当幼儿注意并且精确感知到观察对象的某些方面时，他才可能通过观察学习到某些经验。每个人的知识经验、个性特点不同，因而每个人选择的观察对象和观察内容有所区别。例如，看同一部电影，有人被正面角色的事迹感动得潸然泪下，有人则牢牢记住了反面角色的某一句经典台词。

2. 记忆

观察之后如果没能记住，就不能称之为学习。因为记忆，当被观察对象不在眼前时，观察者仍然能重复观察到事物，所以人们可以通过观察学习积累一定的经验。

3. 行为再现

观察者会以各种方式再现被观察对象的行为过程。

4. 动机过程

每个人每天都会观察到很多的事物，但并不能学习、记忆、再现所有他观察到的事物。班图拉用“动机过程”说明人对学习内容的选择，即人们只对那些对个人有意义、有价值的事物进行学习，对那些没有价值或者受到别人反对的事物就不学习；同时，人们只学习那些自己认可、赞同的事物。

知识卡

观察学习理论在社会教育中的应用

根据观察学习理论，教师在对幼儿进行社会教育时应注意以下几点：

1. 无论采用什么样的教育方法，教师都应该根据教育内容设计或采取容易引起幼儿注意的行为模式。这种行为模式应该符合幼儿注意力发展的水平和需要，有鲜明的特点，足以吸引幼儿观察学习。

2. 希望幼儿观察、记忆、学习的内容，不仅要能引起幼儿观察的兴趣，还应使幼儿能够清楚地识记其出现的过程。

3. 环境因素对幼儿的社会行为发展有很大影响，因为环境中的人和各种事情随时都可能成为他们观察、模仿、学习的对象。教师应注意自身的言谈举止对幼儿潜移默化的影响，同时，还应注意做好家庭和幼儿园的配合工作。例如，建议家长对幼儿看的影视节目或图书有所筛选和控制，避免有些“少儿不宜”的内容（如暴力行为）影响幼儿。

第二节　幼儿社会教育活动实施原则

幼儿社会领域的教育对幼儿一生的发展有着重要而深远的意义，但是社会领域教育又有别于一些传统教育科目的特殊性。幼儿园社会教育的过程是师幼互动的过程，需要教师为幼儿在社会性发展过程中体验、理解、掌握相关内容精心创设环境，充分利用各种资源，给幼儿布置适当的重复性任务，提供实践学习的机会、条件和场所。

基于幼儿社会学习的特点，教师在实施幼儿社会教育活动中要遵循一定的教育原则。

一、综合性原则

综合性原则是指进行社会领域的教育活动时，应以幼儿的社会性发展为根本目标，以幼儿的直接经验和实际生活为基础，结合幼儿的发展需要、兴趣特点、能力水平等幼儿自身特点，在教育活动中促进幼儿多角度、多层次的发展。综合性原则主要体现在教育目标、教育内容和教育方法等多方面的综合上。

幼儿社会性的发展是综合发展的过程，他们对社会行为规范和准则的认识理解一定要与在社会活动中所产生的相应社会行为相互配合才能实现。而情感态度上的认同又影响其行为的产生，只有他的社会情感、社会行为和社会认知作为一个整体共同变化、提高了，才能说他的社会性真正发展了。因此，社会教育活动要以增进幼儿社会认知、培养幼儿社会情感、引导幼儿形成合乎规范的社会行为等几个方面的共同发展为目标。

幼儿社会教育的内容是综合性的。社会认知包括对自己和他人、人与人之间，以及人与社会之间相互关系的认识。幼儿应逐渐理解掌握的行为规则十分丰富多彩，在教育过程中教师应尽可能挖掘影响幼儿社会性发展的教育内容。

社会教育的方法和途径多种多样，包括参观、谈话、故事、角色扮演等。教师要根据幼儿的发展水平和教育内容的特点灵活使用，多种方法的使用可以提高幼儿学习兴趣和学习效果。

二、渗透性原则

幼儿社会教育的内容应与影响幼儿全面发展的其他领域教育内容紧密结合，相互渗透。例如，在语言教育中，《萝卜回来了》《小羊过桥》等故事教学可以在发展幼儿语言能力的基础上，帮助他们通过理解故事内容掌握交往规则。又如，组织幼儿谈话活动“我有一双能干的小手”，在培养幼儿自我认识、提高幼儿自信心的同时，又锻炼了幼儿的语言表达能力。幼儿体育活动的主要目标在于培养幼儿机体的协调性，发展基本动作，增强体质，同时又可以培养幼儿勇敢、合作、坚持等多种良好品质。

组织幼儿进行科学活动、通过计算机学习等都可以渗透社会教育的内容。例如，照顾班里的动物或植物，给它们喂食浇水，让幼儿观察、记录动植物的生长过程，既可以帮助幼儿初步了解动植物的生长过程，又培育了幼儿热爱自然的情感、关注周围环境的意识，同时还培养了幼儿的责任意识。又如，当有幼儿生病时，教师引导别的小朋友帮助照顾他所负责的动植物，可以增进幼儿关心他人、乐于助人的亲社会情感和行为。

幼儿园组织幼儿操作计算机的活动，也可以自然、有效地促进幼儿之间分享、互助等亲社会行为。例如，一名比较淘气的幼儿请父母给班里的计算机装上自己家好用的软件，让全班幼儿一同学习。教师表扬了他，其他幼儿也为他热烈鼓掌，全班幼儿都很高兴，他的攻击行为也减少了很多。此后，班里的幼儿就经常交流从家里带来的软件和游戏，非常自然地分享活动的乐趣。有些比较急躁的幼儿能够把自己已经掌握的技能耐心地教给别的幼儿，这样一来既让别的幼儿看到他们的优点，又让他们在帮助别人的同时展示自己，感受成功和被认可、被尊重，激发了他们的自尊心和自信心。

幼儿社会教育过程应渗透于幼儿一日生活的各种活动中。例如，在午睡之后应引导小班幼儿自己动手穿衣服叠被子，即使幼儿做得不是很好，需要教师帮助重新整理。又如，在进餐时，应注意培养幼儿安静进餐、不挑食、不剩饭、不掉饭和爱惜粮食等良好行为习惯。

教育实例

午饭前，点点洗手之后拿了勺子回到自己的座位吃饭，他不小心用勺子碰了正在吃饭的龙龙。龙龙不干了，抬头“质问”点点：“你干吗打我？讨厌！老师，点点打我。”点点说：“我没打你，就是不小心碰了你一下，就是没打你。”说完还气愤地推了龙龙一把。

眼看一场“大战”即将爆发，教师走过来问点点：“点点，你是故意打了龙龙吗？”“不是，我是不小心碰着他，他就告状。”

教师对龙龙说：“点点是不小心碰到你的，你能原谅他吗？”

龙龙不吭声，教师又对点点说：“你不小心碰到小朋友，该说什么呢？”点点对龙龙说：“对不起，龙龙。”龙龙不好意思地说：“没关系。”

三、正面教育原则

正面教育是幼儿园教育的最基本原则，能否坚持正面教育反映出教师的教育观。正面教育的核心是把幼儿作为一个独立、发展中的个体来对待，进行积极的引导而避免消极的命令和对抗，给予赞赏的肯定而避免苛责。正如陈鹤琴先生所言：“积极的鼓励胜于消极的制裁。”

对于正面教育原则应从以下几个方面加以理解：

1. 以积极的方式向幼儿提出合理的要求

需要幼儿理解掌握的行为规则应该符合幼儿生理、心理的发展水平和年龄特点。例如，教师不能强求小班的幼儿都会和别的小朋友协商合作玩玩具，也不能要求幼儿控制自己的情绪，在摔倒时不哭。

对幼儿提出合理的要求，希望他做什么、怎样做，这些内容教师应该从正面直接向幼儿说明，要避免用命令、禁止、否定的言语和神情让幼儿自己去理解，这种方式就是符合正面教育原则的积极的方式。其出发点和根本目的就是根据幼儿知识经验少、心理活动无意性明显、自控能力较差等特点，教师要做好耐心细致的引导教育和预防工作，尽可能避免幼儿出现错误，做到防患于未然。教育形成好的行为要比纠正错误的行为更容易。当幼儿发生了错误行为时，正面教育原则就是要求教师就事论事地引导幼儿知道什么是对的、什么是错的，直接告诉他应该掌握的社会行为规范，慎用批评、惩罚等消极手段，以免给幼儿的心理发展造成不良影响。

教育实例

实例一

班里有了一批新玩具，其中一个造型别致的小乌龟深受幼儿的喜爱，幼儿在自由活动时经常会因为它而发生争抢。为此，教师在幼儿自由活动前先对他们说："小乌龟最喜欢小朋友们团结友爱，老师和大家都喜欢谦让的好孩子。喜欢小乌龟的小朋友一起玩，小乌龟会更高兴。"经多次提醒，后来争抢小乌龟的现象就很少发生。偶尔有要争抢的小朋友，别的小朋友会对他说："小乌龟喜欢大家一起玩，你抢小乌龟，你就不是小乌龟的好朋友。"

实例二

年轻活泼的教师带幼儿到户外做游戏，幼儿都希望和教师拉着手。芊芊拉住了教师的手，丽丽过来不说话，直接去掰芊芊和教师拉着的手。芊芊一边躲一边说："我先拉着老师的手的。"丽丽急得快哭了，举手要打芊芊。此时，教师没有直接批评丽丽，而是笑着说："你们都这么喜欢老师，老师真幸福呀，老师也喜欢小朋友。老师想先和芊芊拉手，丽丽可以拉着芊芊的手，下一圈老师再和丽丽拉手吧，你们都是可爱的小姑娘。"丽丽举起的手放了下来，高兴地做起了游戏。

实例三

幼儿用彩纸撕纸画时，教师拿来几个纸篓分别放在幼儿的桌子旁边，并对大家说：“纸篓张大嘴巴等着吃小朋友们撕下来的废纸屑呢。小朋友们想一想，撕下来的废纸屑应该放到哪里呢？”

幼儿展示作品

图片说明：教师和大班幼儿共同绘制了墙饰，幼儿高兴地让实习教师看他们的作品。

2. 为幼儿创设积极良好的发展环境

幼儿园内的环境包括物质环境和精神环境，它们都会影响幼儿社会性的发展，是幼儿园社会教育的重要途径和手段。教师在社会教育活动中应注意充分利用各种环境因素，为幼儿创设积极的环境，以促进幼儿社会性的发展。

（1）物质环境

物质环境包括幼儿园的玩具、教具、活动器械、各种室内装饰、活动空间和采光设备等物质因素，它们对幼儿社会行为的发展、社会情感态度的养成有潜移默化的影响。在同伴交往活动中，幼儿发生冲突的主要原因是对物（如玩具、活动机会）的分配和资源的分享（如不同活动区域的人员限制等）无法很好沟通和协调。

换言之，丰富的玩具和适当的活动空间能够满足幼儿兴趣和发展的需要，使幼儿之间的攻击行为相对减少，使教师对幼儿活动的限制、班级的纪律问题也相对减少，这也有利于在集体中形成一种宽容、民主的精神氛围。而物质的匮乏也意味着无法满足幼儿的活动需要，幼儿交往中争抢活动机会和资源的现象会增加，出现较多不符合社会要求的行为。

物质因素能间接使幼儿产生积极的亲社会行为或消极的攻击行为，因此教师应根据幼儿发展的生理、心理特点和发展需要，创设蕴含社会教育目标的物质环境，在环境布置上做出某些倾向性的暗示。例如，各活动区入口处的小脚印提示幼儿活动区的人数限制，盥洗室水龙头上的节约用水标志、管道上悬挂的用纱布包着的肥皂头，都暗示着要求幼儿养成节约的好习惯。教师应提供适当的玩具材料、活动场地等，满足幼儿的活动需要，让幼儿在主动的活动过程中形成良好的行为习惯。

（2）精神环境

精神环境包括幼儿园的人际关系以及因此形成的精神氛围、文化氛围。在人际关系中，以师幼关系为最基本、最重要的关系，此外还有教师与家长、教师之间的关系等。一个宽容、接纳的环境，有利于幼儿发展自我意识和自我评价能力，培养自尊、自信，增强社会认知，学习社会角色和符合社会要求的行为规范，主动积极地进行交往活动，参与社会生活；一个轻松、令人愉悦的环境，能使幼儿积极主动地进行各种活动（如交往活动、实物操作活动等），与各种环境因素充分地进行互动，习得并巩固良好的社会行为。而当教师对幼儿的态度过于苛求时，即使反复对幼儿宣讲对小朋友要宽容的道理，幼儿也难以真正形成宽容的胸怀。此外，教师对幼儿的个别活动限制过多，也不可能使幼儿真正形成符合社会要求的行为。

某小班的汽车主题墙面

图片说明：为了加深小班幼儿对汽车的认识，教师安排了丰富的汽车主题墙面和立体环境创设，但显然忽略了幼儿的视觉高度和语言水平。

教师作为教育过程的主导者，在创设良好的精神环境方面有着义不容辞的责任。教师对待工作、幼儿和他人的态度是影响班级精神环境特点的重要因素，教师对幼儿的态度必须耐心、宽容。

只有耐心，才能坚持从正面引导幼儿，向他们讲清道理并说明要遵守的规则，教给他们良好社会行为的具体做法，而不是消极的命令、禁止和过多的限制。只有宽容，才能坚持以幼儿学习和发展的特点为标准衡量幼儿的行为，而不是以成人的标准要求幼儿的所有行为；才能接受幼儿的“错误行为”，帮助幼儿在错误中积累知识经验；或者从幼儿的生理、心理特点出发，看到幼儿的某些“错误”正是其想象力丰富的正常表现。只有接纳，教师才能真正做到热爱幼儿，用关爱、期待、发现的眼光看待每一个幼儿，用自己的爱心和对他的尊重促使幼儿感受爱与尊重，学会爱与尊重，同时赢得幼儿的信任，取得好的教育效果。有教育家曾提出，幼儿教师的爱心和热心能弥补技能上的不足，只有对幼儿的爱与期待才能激发幼儿自尊心的形成，这也是教育的最大诀窍。这就是著名的“皮格马利翁效应”。

教育实例

幼儿园某大班的幼儿洋洋非常淘气。陈老师带他们活动时，洋洋经常出现违规行为。陈老师问洋洋是否喜欢陈老师带着小朋友做游戏或者上课，洋洋说自己特别喜欢陈老师，上陈老师的课或者跟着陈老师做游戏都是他的“最爱”。于是陈老师明白了，洋洋这个外向冲动的幼儿，在活动中会由于过分兴奋而不能很好地控制自己的情绪和行为，而并非是有意破坏集体活动或者小朋友们的活动。

于是，陈老师悄悄对洋洋说：“老师知道你很喜欢我，老师也很喜欢你，老师知道你高兴了就会忘记我们正在上课。咱们来个约定吧，以后你管不住自己的时候，老师竖起食指，你就坐好，好不好？”洋洋同意了。后来陈老师发现，洋洋在老师的提示下，活动中的“捣乱”现象逐渐减少，自控能力有了很大的提高。

四、生活性原则

生活性原则是指幼儿园社会教育要与幼儿的日常生活相结合。教育的根本目标就是培养符合社会要求的人，换言之就是要培养个体适应并能独立参与社会生活的能力。幼儿最初的社会生活就是在家庭和幼儿园进行的日常生活，幼儿的社会性发展离不开参与日常的社会生活过程。社会教育就要与幼儿的日常生活紧密结合，在生活中发展幼儿参与社会生活的能力，这也是教育的根本目的。

日常生活中蕴含着丰富的社会教育内容，人们在生活中随时都在受到生活的影响，接受生活的教育。教师要充分挖掘和利用生活中的教育资源和教育机会，随时随地、坚持不懈地对幼儿进行社会教育。

日常生活中各种行为不断重复，幼儿学习并形成、巩固良好的行为习惯也相对比较容易。因此，幼儿社会教育要与幼儿的日常生活相结合，教师要在日常生活中随时随地地抓住教育机会，结合幼儿的生活经验、生活内容和生活方式，在日复一日的琐细生活中渗透《纲要》所提出的社会领域教育目标，坚持不懈地培养幼儿积极的社会情感和良好的社会行为。

教育实例

幼儿午睡起床后自己拿杯子喝水。小玉在水杯架上找不到自己的杯子了。她一边说着“我的杯子怎么没有了”，一边要去求助教师。她忽然看见力力手里拿着的正是自己的水杯，于是上去就夺。力力一面向后躲闪，一面分辩：“是我的，不是你的，就不给你。”小玉急得哭起来：“我去告诉老师。”

教师走过来问力力：“你拿的是自己的水杯吗？”力力说：“就是我的，我没拿她的。”

教师让他们一起到水杯架前看看，问力力：“看看你的格子里有水杯吗？”力力看了看，小声说：“怎么还有一个杯子在格子里？”

教师说：“你拿错了杯子，你的杯子也不高兴了，它也是你的好朋友啊。小玉现在没有杯子喝水，你应该怎么办呢？”

力力说：“我拿自己的杯子喝水吧。”教师又问：“你要和小玉说什么吗？小玉还没喝水呢，咱们该做什么呢？”

力力说：“对不起，小玉。我去给你洗一洗杯子吧。”

教师问小玉：“力力是不小心拿错了杯子，他知道错了还对你说了‘对不起’，你们是好朋友，你能原谅他吗？”小玉点头笑了。

教师又表扬力力说：“力力开始不知道拿错了杯子，能到格子里看一看，知道自己错了，马上就改正，是个勇敢的好孩子。老师要给你们每人发一朵团结友爱的小红花。”

力力把洗干净的水杯递给小玉，笑着说：“今天你的杯子喝了两次水。”

幼儿社会教育活动案例

1. 活动名称

汽车上的号牌（中班）

2. 活动目标

（1）幼儿知道车号牌的基本特征，并能关注停驶汽车的号牌。

（2）幼儿尝试设计车号牌。

（3）幼儿懂得日常活动要远离各种车辆。

3. 活动准备

（1）教师要求幼儿知道汽车号牌的作用。

（2）教师自制汽车号牌模型、幻灯片、汽车的图片（贴在幼儿衣服前面）、数字和字母卡片、A4 纸若干张（提前打印好“京”字）、胶棒、黑色水笔、双面胶。

4. 活动过程

（1）教师引导幼儿认识号牌

教师展示幻灯片，内容是交警在马路上拦下了一辆汽车，并告诉司机，他的车不能上路。

教师提问：“交警为什么拦下这辆汽车呢？怎么样才能让这辆车继续上路呢？”

教师展示幻灯片，内容是一辆没有号牌的车。然后，教师提问：“小朋友们仔细看一看，这辆汽车少了什么？”

教师展示幻灯片，幻灯片中用正常的汽车与没有号牌的汽车做对比。教师引导幼儿说出“少了号牌”。

教师展示幻灯片，内容为两辆车的号牌（如京 H75173 和京 N58148）。教师引导幼儿发现号牌中有汉字、英文字母和数字规律，分析它们的规律。

教师提示：北京的号牌中开头统一都是“京”。

（2）教师带领幼儿制作汽车号牌

教师指导幼儿制作汽车号牌，在写有“京”字的 A4 纸上贴上字母、数字等。

教师请幼儿说说自己的汽车号牌为什么这样写，表扬幼儿观察仔细，提醒幼儿在外面活动时不要靠近汽车，特别是走在路上要拉紧家长的手。

（3）幼儿进行游戏

教师指导幼儿互相帮助，将汽车号牌贴在自己的衣服后面，分角色扮演交警。教师指挥幼儿在教室中模拟道路交通状况，幼儿扮演小汽车。

五、实践性原则

幼儿对社会的认识、对行为准则的理解掌握，以及是非判断标准的形成，要经过由外化到内化的过程。幼儿行为习惯的养成，也要经过从他律到自律的过程。成人对幼儿提出的某些行为要求、规定或限制，只是外在的要求，并非幼儿自己的信念和行为准则，需要经过实践活动转化为幼儿自己的信念和准则，由他律转化为自律，这个转化环节就是幼儿的实践活动。因此，幼儿园社会领域的教育强调幼儿的实践活动。在幼儿的一日活动中，教师不仅要在幼儿的实践活动中引导他们理解、掌握、提高社会认知，内化行为准则，更要为幼儿提供充分的小组活动和个别活动的机会，让他们有充分的实践机会。

小班活动

图片说明：区域游戏时幼儿不需要引导就能主动合作。

第三节　幼儿社会教育活动实施方法

以整合教育观为出发点认识幼儿教育，幼儿的社会学习和社会性发展也应是一个整合的系统，教师进行社会领域的教育应树立整合的教育观。这种整合的教育观是指：幼儿社会性发展与其生理机能、认知能力及个性等方面的发展是紧密联系的，其社会学习是社会认知、情感态度和社会行为相互影响的发展过程；幼儿社会教育的目标既指向幼儿社会性发展，又充分考虑对幼儿其他领域发展的影响；幼儿社会教育的内容既注重幼儿社会认知经验的获得、积极情感态度的形成和行为习惯的养成，又兼顾与其他领域教育内容的相互渗透。

幼儿社会教育活动的实施方法多种多样，对幼儿社会性发展的作用也是多层次、多方面的。教师在实施幼儿社会教育活动过程中，一定要根据本班幼儿的发展水平、特点及教育目标，灵活机动、创造性地采用不同方法，既能“一箭数雕”，又能“数箭一雕”，促进幼儿社会性的整体发展。

幼儿社会教育活动的实施方法主要有以下几种：

一、直观形象法

直观形象法是幼儿园普遍采用的教育活动方法，即教师利用各种适当的直观手段（如图片、电化教育等）组织幼儿开展观察、欣赏、讨论等活动，借助幼儿的多种感官和已有印象，通过直观形象的感知使幼儿获得新的生动的印象，比较全面地理解掌握知识经验、行为方式，形成一定的情感态度。

幼儿的生活经验和身体机能不足，认知活动的直观形象性特点突出，这就决定了直观形象法在幼儿社会教育中的重要意义。在幼儿社会教育的实施过程中，直观形象法具体包括参观法、示范和范例法等。

1. 参观法

参观是教师组织幼儿对某些公共设施或社会现象进行实际感知的活动。在幼儿眼里，参观就是外出的游戏活动，是最快乐的事情，它符合幼儿情感发展的特点。参观活动中幼儿感知的是真人、真事和实物，容易引发幼儿的情感共鸣和移情，从情感上产生激励作用，从而促进幼儿学习和行为的良性迁移。

在参观活动的组织过程中，教师应注意以下事项：

（1）参观活动前的准备

1）选择参观的内容和地点。参观内容要与幼儿的生活经验联系密切，对幼儿来说，只有新鲜感才能引起幼儿参观的愿望，参观过程中幼儿也能比较专注于教师对他们的引导。参观地点应首先考虑安全性，避免人员活动过于频繁和活动场地太分散的地方（如大型超市），不宜太远，最好在本社区，以减少行程中的不安全因素。

2）确定参观来回和参观过程的路线。参观来回路线以相对安静、来往车辆少的地方为宜，相对安全，也便于教师与幼儿的随机沟通和讲解。教师要对参观场所的设施、活动范围事先有所了解，以确保幼儿参观的效果和安全。

3）制订参观活动计划。为使幼儿的参观活动起到一定的教育作用，教师一定要制订参观活动的计划，包括活动的主要目标、参观的步骤和路线、适时适当的提问、吸引幼儿注意力的方法等。

4）做好物质的准备和检查。教师要提醒、检查幼儿的着装有无安全隐患，有无着凉或受热的可能，检查是否带好幼儿需要的饮用水、卫生纸及少量外用药品等。

（2）参观活动过程的组织

1）出发前，教师要向幼儿简单介绍参观的地点、内容和参观过程中的要求，用生动形象的语言激发幼儿参观的愿望和兴趣。

2）参观路上，教师要注意幼儿的安全，防止幼儿走失。教师可以向幼儿介绍沿途的风景、设施，或提示一些参观过程中会涉及的内容，进一步调动幼儿参观的兴趣。

3）到达参观地点后，教师要清点幼儿人数，并将全班整齐编队，这样既有利于幼儿的安全和教师的安全管理，也有利于教师对幼儿的引导和讲解，使幼儿增强对集体活动的感受。教师还要再次向幼儿提出参观时的具体要求，向幼儿提出问题，让幼儿能带着问题去参观。

4）参观过程中，教师要用提问、提醒等方法不断引导幼儿把注意力集中于观察的主要内容上。给幼儿的问题要一个接着一个提出，即幼儿对一个问题观察了解清楚且多数幼儿都能做出回答后，教师再提出下一个问题。对参观过程中幼儿提出的问题，教师可以鼓励幼儿向在场工作人员提问，或启发幼儿讨论，尽量引导幼儿自己提出问题。

5）教师要以灵活的方法结束参观活动，既要让幼儿感到意犹未尽，又不使他们感到被迫离开。

（3）参观活动应注意的问题

1）要尽量安排在上午参观，幼儿上午精神饱满，参观的效果会更好，也便于幼儿回园后得到充分的休息。一般春秋季比较适合幼儿外出活动。

2）参观活动前，教师要事先了解参观内容，并与对方的工作人员进行协商，确定请对方工作人员为幼儿讲解的内容重点、语言方式等，避免一些“行话”或者“粗话”。

3）组织幼儿外出参观时，教师数量要充足，并明确责任分工。最好事先与家长联系，请部分家长参加，但要向家长提出明确要求。

4）参观结束后，教师应适时组织幼儿就参观内容开展谈话，以帮助幼儿加深参观印象，整理知识经验，并发展幼儿的语言表达能力。教师还可以引导幼儿就参观内容开设相应的活动区，丰富幼儿的活动内容，巩固参观效果。

2. 示范和范例法

示范和范例法是指教师通过自己的语言、动作或教学表演，为幼儿提供具体规范的范例；或是采用具有明显教育意义的典型事例，供幼儿直接模仿学习。示范和范例法的特点有：①示范性强，使幼儿有明确的学习目标；②直接明确，通过范例使幼儿知道什么是对的以及什么是该做的，从而帮助幼儿获得相对准确的社会认知，掌握行为准则；③直观性强，通过一个个具体的范例和活生生的形象，使抽象的道理和规则具体化、形象化，有利于幼儿理解教师希望他们掌握的知识经验和行为准则。

采用示范和范例法时应注意以下几点：

一是示范或提供范例过程中的讲解要清楚准确，动作速度要适当放慢，重点部分应重复示范，并根据内容特点进行完整示范、部分示范或分解示范等。

二是示范手段要多样化。教师可以根据内容不同和教育的需要，采用幻灯片、音乐、视频等多种多样的直观手段开展直观的教育活动。

三是要与语言法（如讨论法）紧密结合，使幼儿不仅知其然，而且还尽可能地知其所以然，帮助幼儿在直观观察的基础上获得一定的认识。

四是要与幼儿的行为练习相结合，使幼儿在练习中巩固通过观察和讨论所得到的知识和行为方式，并在练习中固化良好行为习惯。

示范和范例法的使用符合幼儿模仿学习的特点，也是正面教育原则在教学中的体现。在社会领域培养良好行为习惯和社会认知时经常采用这种方法。范例可由教师或幼儿提供，但一定要能让幼儿观察清楚教师预设的内容，避免多余的干扰，以免幼儿模仿错误，不能实现教学目的。

二、游戏化方法

游戏化方法在幼儿园社会领域的教育中主要表现在游戏活动教育化和教育活动游戏化两个方面。游戏活动教育化是指教师充分挖掘幼儿各种游戏活动中有利于发展社会性的内容。教育活动游戏化是指教师应尽量利用游戏的方式进行相应的教育活动，充分利用幼儿爱玩、好玩的特点，使他们在轻松愉快的心情中潜移默化地接受成人的引导。

幼儿的游戏活动一般可分为创造性游戏和有规则游戏。创造性游戏是幼儿通过想象等方式创造性地反映现实生活的游戏活动，其活动过程本身就有帮助幼儿实现社会化的意义。有规则游戏是成人为了对幼儿实施某方面教育而编制的有一定规则的游戏，在社会领域也有很重要的教育价值。

实施游戏化方法时应注意以下几点：

1. 要注意幼儿发展的适宜性

不同年龄幼儿的社会化水平不同，在游戏过程中的社会行为和规则意识也有很大区别。例如：3 岁的幼儿更多是独自游戏，“娃娃家”的内容也很简单，不会真正的合作游戏；5 ~ 6 岁的幼儿更喜欢多人合作的游戏，游戏内容已不满足于单纯的“娃娃家”里的“喂娃娃”“做饭”等，如果游戏内容因材料不足或教师的限制而不能深化，则幼儿会感到游戏索然无趣。教师要根据幼儿在游戏方面的能力差异和个体差异，在提供游戏材料、场地及活动建议等方面合理引导和组织，灵活进行游戏化教育。游戏法在教学中的应用要根据幼儿年龄不同而有所区别，年龄越小，游戏法使用越多一些。随着幼儿智力水平的提高、知识经验的丰富，教学中应逐渐减少游戏法的使用，为幼儿进入小学做准备。

2. 要明确游戏规则

游戏都有一定的规则，有的明显，有的隐蔽，它是保证游戏顺利进行的必要条件。游戏规则是根据游戏的目的和教育活动的目的而提出的，其作用在于在游戏过程中组织、约束、调整幼儿的行为和相互关系。幼儿的游戏规则可以由教师提出，还应有幼儿讨论、理解的过程，才能更好地发挥游戏对幼儿社会教育的作用。

采用游戏化方法的教学活动不同于一般的游戏活动，特别有别于幼儿自主自发的游戏。幼儿自主自发的游戏主要是为了感受和参与游戏过程，幼儿进行游戏前和游戏过程中都不带有明显的目的。教师组织的一般性质的游戏并不强调达到一定的教育目的，而是强调幼儿的参与和游戏过程。

教学活动中使用游戏法，主要是指教学过程游戏化，即教师根据教学目标和内容要求，采用游戏的口吻、道具（如小玩具、头饰、贴画等），创设游戏的情境进行教学，它有着明确的活动目标。因此，教师一定要根据具体的教学目标、任务和内容设计科学选择这种方法。在社会教育活动中采用游戏化教学模式时，应注意方法使用要恰当，避免随意和过度使用，以免分散幼儿的注意力，干扰教学任务的完成。

小班幼儿户外滑梯游戏

图片说明：教师反复提醒幼儿要轮流、等待，用正确方法滑滑梯。

3. 教师要掌握指导游戏的技能

游戏中的教育因素需要教师去发掘，教师合理引导幼儿方能起到应有的作用。这就要求教师在充分观察了解幼儿的基础上，以合作者、指导者、支持者的身份对幼儿的游戏进行必要、及时和有效的引导。

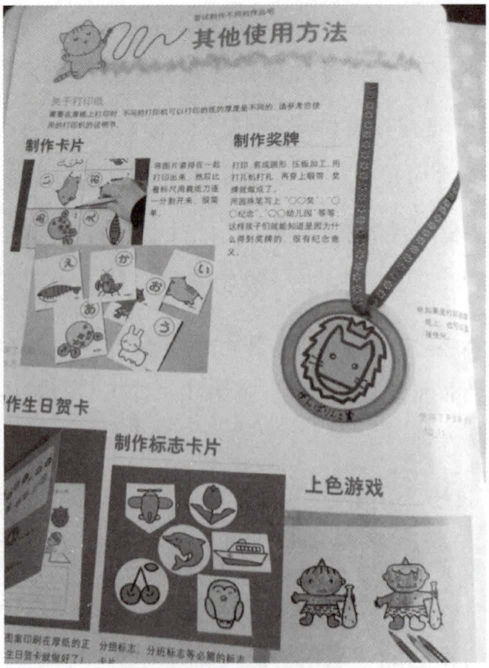

教师为不同游戏活动准备奖牌

图片说明：教师要对幼儿的游戏进行引导和支持。

三、语言法

语言法是指教师主要用语言对幼儿进行讲解、劝说、指导等，以达到相应的教育目的的教育方法，它是幼儿园教育中最普遍、最经常使用的教育方法。语言法具体分为故事法、讨论法等。

1. 故事法

故事法符合幼儿想象力丰富的特点，在幼儿园各种教育活动中使用都非常普遍。故事的内容容易吸引幼儿，故事的形式是幼儿容易理解的，故事法是社会领域教育的重要方法。

故事法的内容丰富多彩。例如，有教育幼儿诚实的《手捧空花盆的孩子》，有教育幼儿团结力量大的《手指五兄弟的争议》《海豚救人》，有教育幼儿自尊自信的《丑小鸭》等。故事法使用方式多种多样，包括口述、看图讲述、续编故事、复述等。教师应注意，在利用故事法进行教育活动时，一定要有明确的活动目标和活动过程，并结合讨论法等方法，使幼儿在了解故事的同时形成某些社会知识经验和情感。

2. 讨论法

讨论法是教师通过引导幼儿运用已有的知识经验，对一些不了解、认识模糊不清、感觉困惑甚至有错误认识的问题发表意见，共同议论商讨，相互启发补充，从而获得相对正确、符合规律的认识的教育方法。讨论法是幼儿自我教育并且主动接受教育的方法，而不是被动接受来自成人的说教，这样幼儿学习的主动性、积极性和能动性都比较高。通过教师合理有效的引导，幼儿在对具体事物的讨论过程中，可以明白事情和行为的对错、好坏，形成一定的认知能力，强化遵守规则的意识。

使用讨论法要求幼儿有一定的社会生活知识经验的基础，小班和中班初期应以教师的议论为主，由幼儿适当补充即可。随着幼儿年龄的增长，教师可指导幼儿积极讨论某个问题或现象，主动获得经验。

（1）讨论法的特点

1）实践性强。幼儿愿意并且能够讨论的事情，都是与他们的实际生活紧密联系的。因此，讨论结果对他们的生活有实际的指导意义。此外，教师可以在日常生活和各种教育活动中，创设引发幼儿发表不同意见的客观情境，引导幼儿感受矛盾，分析争论，解决问题，掌握解决问题的办法和能力。

2）针对性强。教师针对幼儿的实际问题和教育目标引发各种讨论，可以有针对性地影响幼儿社会化的过程。

3）自由性强。幼儿的讨论应该没有心理压力，只有心情愉快才能有利于幼儿充分展开讨论，主动掌握和理解一定的行为规范和知识经验。

教育实例

幼儿要开一个娃娃剧院，经过集体讨论，他们决定分成四组开展活动。教师规定，每组可以有6～7名幼儿，但要选出一个组长，由组长组织讨论一些问题。

芊芊、晨晨、清清、颖颖、好好和琦琦组成了一组。在选组长时，他们争执了很长一段时间。

芊芊第一个说："我来当组长。"

"不行，你连名字都写不好，还是我来当吧。"清清马上说。

"你这么凶，我不同意你当。"芊芊也不甘示弱。

还有四名幼儿虽然没有为自己争取，但也表现出不满，有的选清清，有的选晨晨……就在大家为选组长争执不下的时候，好好提议："我们用举手的办法决定，谁的票数多就选谁。"这个提议得到了大家的一致同意，于是举手表决开始。结果好好和晨晨票数最多，但都只得了2票，矛盾又来了。芊芊嚷嚷道："用石头、剪刀、布决定吧。"这个提议很快得到了大家的认可，最后晨晨获胜。

（2）讨论法的类型

1）感受和对比性问题的讨论。这种讨论是指教师利用两种截然不同的行为或形象，让幼儿通过观察、体验、回忆等活动，在亲身感受和体验的基础上，通过比较形成对不同行为的认识。例如，教师可以就幼儿熟悉的"喜羊羊"和"懒羊羊"引导幼儿讨论"你喜欢谁？为什么？"等，结合看动画片进行讨论更好。

2）解难性问题的讨论。这种讨论是指教师引导幼儿对发生的问题进行讨论，自己想出解决问题的办法。这种讨论有助于幼儿理解和遵守行为规范，培养自我意识。例如，教师请幼儿说一说："如果你现在要看动画片《喜羊羊与灰太狼》，可是邻居小朋友来找你玩，你要怎么办呢？"教师应注意引导幼儿倾听他人的意见，提出自己的意见，尽量让每个幼儿都有机会表达自己的感受和意见。

3）判断性问题的讨论。这种讨论是指教师引导幼儿通过讨论对某件事物或某种行为、现象进行是非判断。这种讨论有利于幼儿自控能力的提高。例如，教师请幼儿想一想："你在看动画片《喜羊羊与灰太狼》的时候，邻居小朋友来找你玩，你不理他，他会怎么样呢?"教师也可以问："你去找小朋友玩，他正在看《喜羊羊与灰太狼》，不理你，你会怎样做?"

4）结论性问题的讨论。这种讨论是指教师对某一现象、行为提出几种可能的结论，让幼儿讨论后从中找到正确的答案。这种讨论可以有效地巩固幼儿积极的社会行为和认识。例如，教师提问："力力正在看动画片《喜羊羊与灰太狼》，旭旭来找他玩，但力力没有和旭旭说话，就推他出去（或者是以下几种行为：不理旭旭，请他一起看动画片，大声喊他出去，告诉他过一会儿再和他玩等）。你认为力力的做法对吗?"正确的答案不一定只有一个，教师还应注意引导幼儿移情，理解他人的感受。

（3）讨论法教学的组织过程

1）运用适当的方法引出问题。引出问题的方法有很多，例如，教师直接讲述、提问、看图提问等，而以情境表演的形式引出问题更容易激发幼儿参与讨论的热情。情境表演可以以单一活动的形式展示，也可以以对比活动的形式展示。例如，教师进行《小姑娘和三只熊》的故事表演，让幼儿边看边热烈讨论怎样做客人。

2）运用各种手段提出问题，使幼儿充分展开讨论。教师可以利用提问，以及让幼儿体验某些他们生活中的行为后果等方法，引导幼儿自然地发现问题，从而展开讨论。

3）运用正面的行为练习展示解决问题的方向。结合参观、扮演角色等活动组织幼儿讨论，可以帮助幼儿学习正确的行为规范，提高学习良好行为的积极性。

（4）使用讨论法的注意事项

1）要根据教育目标和幼儿已有的生活知识经验确定讨论的主题。主题应对幼儿的发展有积极的促进作用，贴近幼儿的生活，使幼儿感兴趣。例如，培养幼儿爱家人的情感时，可以让幼儿讨论家庭成员由谁组成，各自在家都做什么，每个人都喜欢什么，周末家人一起做什么，等等。

2）要科学组织幼儿谈话和讨论。教师要用适当的方式引导幼儿回忆已有的生活经验，使其积极参与到谈话、讨论活动中。教师要不断提出富有启发性、具体明确的问题，引导幼儿一步步展开讨论和谈话。教师对幼儿的讲述应耐心倾听，给予及时鼓励，对幼儿提问时要给予他思考、组织语言的时间。教师对幼儿提出的问题，要根据其年龄特点和知识经验的不同而有不同层次，使讨论谈话活动能切实达到教育效果。

3）每次讨论后要进行总结。谈话结束时，教师要做小结。一方面，鼓励幼儿积极参与谈话和讨论活动，激发幼儿进行讨论的愿望；另一方面，对幼儿的谈话内容进行必要的归纳，帮助幼儿形成正确的认识。

语言是教师取得教育教学效果必需的手段，使用其他的教学法都离不开教师的语言引导，而语言法也应尽可能与其他方法相结合，才更符合幼儿的学习特点，有利于教学活动朝预设目标进行，促使幼儿在活动中真正获得发展。

教师使用语言法时还应注意：讲解的语言要生动形象、清晰准确、简短易懂、富有感情，使幼儿愿意听，能听懂；谈话和讨论需要充分考虑幼儿已有知识经验和兴趣特点，教师要围绕主题提出恰当的问题，由浅入深，具体明确，多提启发性、开放性问题，促使幼儿主动积极思考和想象，发展语言表达能力，提高思维水平。此外，不论哪种讨论，教师都应注意引导全体幼儿倾听和表达，使每个幼儿都真正参与到讨论中。

幼儿社会教育活动案例

1. 活动名称

我们的笑脸（小班）

2. 活动目标

（1）幼儿理解笑、哭、皱眉等面部表情所表达的意思。

（2）幼儿能通过画表情来表达自己高兴或生气时的心情。

（3）幼儿会尝试续编《碰碰船》的故事。

3. 活动准备

绘本《碰碰船》课件，印有《碰碰船》故事情境的图片若干（小白表情空缺），画有哭脸、笑脸、皱眉的图片若干。

4. 活动过程

（1）开始部分

教师：“小朋友们，今天老师给你们带来了三位小客人，请你们仔细观察一下三位小客人都在干什么，并想一想为什么会那样。”

教师分别展示笑脸、哭脸、皱眉的图片，请幼儿说说为什么会笑、哭、皱眉。

（2）进行部分

教师向幼儿讲解，笑、哭、皱眉等脸部动作都可以称作“表情”。

教师：“这些表情都藏在一个故事里，你们想听吗？”

教师播放幻灯片，给幼儿展示《碰碰船》的故事。

教师："小黄和小蓝的船撞到了一起，小黄自己很开心，那么小蓝可能会怎么样呢?"

教师请幼儿自主选择表情图，并将故事补充完整，与全班小朋友分享。

教师："如果小朋友是小白，你还会有什么表情呢？为什么？请把自己的表情画出来。"

教师请幼儿在空白的小蓝脸上添画表情，并请幼儿讲述原因。

（3）结束部分

教师请幼儿在活动室的表情栏上粘贴上表示自己心情的表情图片。

四、移情法

移情法强调利用幼儿认知和情绪情感系统的交互作用，是教师综合运用认知提示、情感换位、巩固深化等手段，对幼儿进行认知和行为教育的活动方法。

移情法特别针对幼儿特有的自我中心化思维特点，以提高幼儿的移情能力和认知水平为目的，帮助幼儿提高社会认知水平并促进其亲社会行为模式的养成。

1. 移情法的使用过程

（1）认知提示

教师可以采用语言提示、分析、讲解、组织幼儿讨论、表演等方式帮助幼儿学会辨别各种不同的情感及面部表情，理解不同的人在不同社会情境中的情感和想法，使幼儿逐渐发展起辨别他人情感、设想他人想法、理解他人角色特征等方面的能力，从而促进幼儿社会认知水平和理解力的提高，为产生移情奠定基础。教师通过移情教育使幼儿能够比较正确地辨别他人在不同社会情境中产生的常见情感（如高兴、生气、害怕、难过等），并且能尝试站在他人的角度考虑问题，分析他人的情感状态。例如，当班里有一名幼儿因病缺勤时，教师向其他幼儿提问："某某小朋友生病了，他不能来幼儿园和大家一起游戏，他会不会着急呢？他的心里会怎么想呢?"幼儿纷纷回答："他想要是能和小朋友们一起玩游戏多好啊！""他生病了，就得打针，他会疼得哭起来呀！"……

（2）情绪追忆

教师可用语言提示或唤醒幼儿在过去生活经历中亲身感受到的最强烈的情绪体验，引起他们对情绪体验产生的情境、原因和事件的联想，加强情绪体验和特定社会情境之间的联系，使幼儿进一步辨别和区分各种情感。例如，上例中的教师继续问幼儿："你们都生过什么病呀？你跟着妈妈到医院里怎么看病呢？你害怕吗？你有没有打针呢?"幼儿则会回想并纷纷诉说自己生病时的情绪体验。

（3）情感换位

教师可通过一系列由近及远的社会情境（如家庭、幼儿园、商场等），让幼儿进行分析讨论和角色扮演，尝试转换到他人的位置去体验身处一定情境中的不同情绪情感状态，促进其角色进入能力的发展。例如，上例中的教师继续请幼儿设想：“如果你是那位生病的小朋友，你现在最想做什么？你愿意其他小朋友为你做什么事情吗？”通过情绪追忆和情感换位，幼儿逐渐学会把过去的情绪情感体验迁移到相应的社会情境之中，让自己设身处地地体会他人的情绪情感体验，为他人着想，产生移情。

（4）巩固深化

巩固深化是对上述活动的延伸，是为了使幼儿懂得，人不能只想着自己，还要考虑别人的感受，因此要遵守被大家普遍认可的行为规范。例如，经过对生病幼儿的讨论，幼儿懂得小朋友要互相关心，互相爱护。

（5）情境表演

教师可用事例分析或行为练习，让幼儿充分讨论不同情境中应有的行为。根据他们的讨论，教师让幼儿轮流扮演不同的角色进行表演活动，体会不同的情感，加深幼儿的印象，强化积极良好的行为，使他们遇到不同情境时能很快产生移情，从而促进其亲社会行为的发展。

教育实例

幼儿园某班的一名幼儿很爱说谎话，经常抢夺小朋友的玩具或其他物品后就找教师，说对方抢了他的。有一天，教师找了几位小朋友，告诉他们，为了帮助说谎的幼儿改正毛病，要和他们一起“演戏”，让那名幼儿难过以后改掉抢东西和说谎的毛病。

于是，教师安排一名幼儿给全班幼儿逐个发玩具，到那名爱说谎的幼儿面前假装没有看见他就过去了。等其他幼儿都有玩具了，那名爱说谎的幼儿找教师说：“他没给我玩具。”教师明知故问，对发玩具的幼儿说：“你发给他了吗？”“发了。”教师又问另外几位：“你们看见发给他了吗？”小朋友们一起说：“发了。”

这名爱说谎的幼儿又气又急地说：“真的还没发给我呢，不信您看呀！”教师又问：“为什么他不愿发给你玩具，而其他小朋友也不愿给你证明呢？”这名幼儿低下头说：“我老抢他们的玩具，我错了。请你们原谅我吧，我以后会改的。”

2. 使用移情法的注意事项

幼儿的逻辑思维尚未发展或刚刚发展，其社会认知水平是随着年龄增长而不断提高的，特别是对周围环境中各种关系的认知有一个渐进的过程，所以使用移情法要考虑幼儿的年龄特点，一般在小班幼儿中使用比较少，而在中班、大班使用时，教师的引导语言也有很大区别。

使用移情法本质上就是引导幼儿学习换位思考，学习如何处理人际交往的问题，这在目前独生子女较多的情况下有着重要意义。但是移情教育必须根据幼儿的心理发展水平，以适当的演示、提问等手段引导幼儿了解自己的情绪情感反应，初步理解他人的情绪情感，逐渐学习控制自己的情绪情感反应，进一步控制自己的行为，达到逐渐适应社会环境的目标。

引发移情的内容应该是幼儿能够理解、能够接受的，要从幼儿的日常生活内容入手。教师的提问或提示性语言应该使幼儿真正有所触动，尽量由幼儿自己得出结论，这样更有利于幼儿初步形成独立思考的习惯，而这也是个体一生社会性发展的必然要求。要避免由教师强加结论或结果，特别是避免口号性结论。移情、讨论的结果可能是多个，也可能并非在教师预料之中，此时教师不应该将自己的意见强加给幼儿，以免幼儿移情未果，又增加新的困惑。

五、角色扮演法

角色扮演法是通过模拟现实生活中的某些情境，让幼儿扮演其中的角色，以这个角色的身份处理问题，体验情感，了解他人的需求和感受，以更好地掌握与角色相适应的行为特征和规范的一种方法。扮演角色时，幼儿必须按照角色特定的地位和所处情境，遵循社会对角色的期待和要求的行为规范。因此，这种方法有利于培养幼儿对社会角色的认识，提高其亲社会行为水平，有利于幼儿在轻松愉快的心情之中掌握良好的社会行为习惯。

1. 角色扮演法的特点和作用

（1）可以有效促进幼儿亲社会行为，减少消极社会行为

事实证明，经常进行角色扮演活动，可以提高幼儿的助人动机，增加幼儿在特定情境中的助人行为，使其攻击行为明显减少。

（2）适合幼儿的年龄特点和兴趣需要

幼儿的角色扮演内容来自幼儿的日常生活，反映了他们的日常活动。这样的活动情节简单，内容短小，动作和对话多，使幼儿感到既亲切又有趣。

（3）提高幼儿活动的积极性

全班幼儿共同参与可以提高幼儿活动的积极性，有利于培养幼儿良好的社会行为。

（4）促进幼儿角色承担能力的发展

角色扮演过程对幼儿既是行为练习，又能提高其社会认知。当幼儿扮演某个角色时，他要体验角色在特定社会情境中的感受，设想角色的行为特征，因此能够养成亲社会行为，并进一步理解行为的意义，使之变成自觉的行为方式。

2. 角色扮演法的组织过程

（1）开始环节

教师向幼儿介绍情境，引出问题。当情节中出现困难时，教师用提问的方式引导幼儿思考、讨论并预测结局。

（2）选择参与者

教师分析各角色特点，请幼儿自愿担任角色。

（3）扮演活动和观察

幼儿按照规则进行扮演活动，在此过程中，教师引导其他幼儿观察扮演活动。

（4）讨论和评价

教师引导幼儿谈自己的理解，分析事件、行为、动机、后果，让幼儿充分理解不同角色的责任、行为后果等。

（5）集体扮演

教师让幼儿展现出自己对角色行为方式的理解。

（6）使用共享和类化

教师引导幼儿把问题情境和真实情境联系起来，讨论在一定社会环境中大家普遍认可的行为方式，讨论问题的解决过程。帮助幼儿归纳、整理感受和经验，引导幼儿提出自己类似的实际经验。

3. 使用角色扮演法的注意事项

引导幼儿讨论的重心应该放在情感上，如角色的内心活动、他人角色特点和所处地位、解决问题的特点和技巧等方面。教师要避免将自己的感受、想法强加给幼儿，并减少形式上的说教。

情境内容要与幼儿的日常生活紧密结合，不能与幼儿的实际生活脱节，否则很难起到教育作用。

角色扮演要循序渐进，开始时可以由教师示范表演。幼儿扮演之前，教师应引导幼儿充分讨论角色的行为方式。

活动形式应多种多样，可以面对全班集体进行，也可以重点指导某些幼儿，避免为了表演而表演。

六、强化法

强化是教师采用一定的方法，对幼儿已经出现的行为进行巩固或纠正的过程。强化的作用在于帮助幼儿形成、巩固积极的社会行为，改正或去除消极的社会行为，使幼儿学会辨别是非，发展自我意识和自控能力，促进其社会性向积极良好的方面发展。强化法包括肯定、表扬、鼓励等正强化手段以及批评、惩罚等负强化手段。

1. 表扬鼓励法

陈鹤琴先生曾提出一条幼儿教育的原则——积极的暗示胜于消极的命令，即肯定积极的表扬鼓励效果优于消极的惩罚效果。表扬鼓励中明显表现出的对他人的信任和尊重，有助于激发被表扬鼓励者的上进心和自信心，提高其学习良好行为的积极主动性，能取得事半功倍的效果。

有人来幼儿园参观，一名幼儿主动上前打招呼："您好。"教师和客人表扬她有礼貌，于是其他在做游戏的幼儿也纷纷上前和客人打招呼、握手。这种在集体面前对幼儿良好行为的表扬，对行为者是个很好的强化，为其他幼儿树立了很好的榜样。

表扬鼓励的方式主要包括：口头表扬鼓励，这是教师用口头语言对幼儿行为表示的肯定、赞许；眼神、动作、表情等无声的表扬鼓励，这是教师从态度上对幼儿的肯定；物质表扬鼓励，应尽量避免吃穿和金钱的奖励模式；权力、委托方面的表扬鼓励，如委以"重任"做值日生或教师的小助手等；文字表扬鼓励，如"光荣榜"中的"小红花"等。

进行表扬鼓励时应注意以下几个问题：

一是表扬鼓励要适度，避免过滥。对一贯表现好、表现突出、有重大转变和进步的行为，以及动机良好但效果不明显的行为等，教师要给予及时的表扬鼓励。

二是表扬鼓励要因人而异，有针对性。教师要因人、因事采取不同的表扬鼓励方法，充分考虑表扬鼓励对全体幼儿的教育作用，其中公开表扬鼓励的效果更好。教师还要把随机随时的表扬鼓励和定期专门的表扬鼓励紧密结合起来。

三是表扬鼓励要具体明确。幼儿的思维特点带有明显的具体形象性，因此，对幼儿的表扬鼓励要具体、明确。例如，"你是一个好孩子"，"你真棒"，就过于空泛，不如"你大口吃饭，桌子上真干净"，"你从家里拿来好看的图书给小朋友们看，大家都喜欢你"。后者更能被幼儿接受，也更能激励幼儿积极的社会行为。作家刘墉先生曾经问他

3岁的女儿，是否知道爸爸爱宝贝，女儿回答知道爸爸爱她，因为爸爸回家时给她带糖吃。作家因此感慨，小孩子对爱的感受都是如此具体的。

2. 批评惩罚法

批评惩罚是对幼儿的错误行为给以否定评价。教师用批评惩罚的方法表示对幼儿行为方式、习惯、态度等的不满意，可以帮助幼儿辨别是非，纠正消极行为。批评惩罚是给被批评惩罚者带来情绪上的痛苦体验，从而对幼儿进行教育的方式，是一种带有副作用的消极强化方法，因此一定要谨慎使用。

批评的方式主要是口头的提醒、指责和劝告，惩罚主要有剥夺性惩罚和体验自然后果的惩罚。无论哪种方式，都应注意以下几点：

一是以热爱和尊重幼儿为出发点，要保持与人为善的态度。教师的态度要严肃、平静而坚决，认真、耐心地给幼儿讲明他的错误，让他明白错误可能带来的后果，以及应该怎样改正错误。忌讽刺挖苦、辱骂、体罚和变相体罚等有损幼儿人格尊严和自尊心的错误方法。

二是批评惩罚要及时、就事论事。事后批评惩罚会使幼儿茫然不知原因。该批评惩罚时教师如果忽略了，会使幼儿不知道自己已经做错了，或知道做错事但也没什么，不会有任何惩罚。教师对幼儿的消极行为要及时制止，不要把事情扩大化，使幼儿失去正确的行为标准。

三是批评惩罚一定要注意公平、公正、合理，以促进幼儿良好社会行为发展为目的。教师要避免以个人喜好衡量幼儿的行为，或一个班里几位教师态度不一致，这会使批评惩罚有失公平从而失去其意义。

四是批评惩罚要考虑幼儿的个性特点和认知水平。例如，对敏感内向的幼儿就应尽量避免公开批评，批评小班幼儿的错误时不要讲很多道理，只要告诉他做错了、应该怎么做即可。

五是社会教育的方法多种多样，教师应结合不同的教育目标、内容，根据本班幼儿的特点和发展水平，灵活采用最有效的方法。

思考·练习

一、简答题

1. 简述幼儿社会教育活动实施的原则。

2. 幼儿社会教育活动的实施方法主要有哪些？各自有什么特点？

二、分析判断题

判断下面的表述哪些是幼儿社会学习特点的表现，哪些是幼儿社会教育活动实施原则的表现，哪些是幼儿社会教育活动实施方法的表现。

1. 教师边演示边教小班幼儿唱《洗手歌》。

2. 幼儿饭前唱着《洗手歌》洗手。

3. 观看有击打玩偶内容的视频后，“娃娃家”区的幼儿出现击打玩偶的现象。

4. 幼儿有了助人行为，放学时教师公开大声对来接孩子的妈妈说：“你家宝贝今天特别棒……”

5. 教师引导幼儿阅读绘本《和甘伯伯去游河》并表演故事情节，引导幼儿理解公共场合的规则。

6. 幼儿能够协商游戏，可是有新鲜的玩具时他们仍然会发生争抢。

其中，属于幼儿社会学习特点表现的是__________，属于幼儿社会教育活动实施原则表现的是__________，属于幼儿社会教育活动实施方法表现的是_________。

三、实践练习题

1. 请在幼儿园见习、实习中仔细观察，了解幼儿社会学习的一般特点，分析教师在社会领域的教育中采用的形式和方法有什么特点。

2. 请在本书第二章社会教育的内容中找出部分内容，尝试用不同方法实施、组织社会教育活动。

第五章
幼儿社会性发展与幼儿社会教育活动评价

学习目标

- 了解对幼儿社会性发展和幼儿社会教育活动进行评价的意义和要求。
- 掌握幼儿社会性发展和幼儿社会教育活动评价的方法。

《纲要》指出："教育评价是幼儿园教育工作的重要组成部分，是了解教育的适宜性、有效性，调整和改进工作，促进每一个幼儿发展，提高教育质量的必要手段。""评价的过程，是教师运用专业知识审视教育实践，发现、分析、研究、解决问题的过程，也是其自我成长的重要途径。"教育评价作为教育实践活动的一个重要环节，对实现促进幼儿全面发展这一根本目标以及帮助教师实现专业成长有着不可替代的作用。幼儿社会教育评价就是根据幼儿社会领域的教育目标，运用教育评价的原理和手段对幼儿社会性发展和幼儿社会教育活动进行价值判断。

感恩节活动

图片说明：幼儿在感恩节活动中找到教师藏起的鸡蛋。

第一节　幼儿社会性发展评价

一、幼儿社会性发展评价的意义、基本要求和前提

1. 幼儿社会性发展评价的意义

幼儿社会性发展评价主要是对幼儿社会化水平进行判断和解释，具体来说就是根据国家教育行政部门提出的幼儿社会性发展目标和学前教育、幼儿心理发展研究的相关资料，由评价者对幼儿当前社会活动中的态度、行为等做出的评价。

评价过程及对评价结果的分析都是幼儿社会教育活动的一部分，有助于教师科学、客观、全面地了解幼儿的发展水平、影响因素，科学、合理地制定教育发展目标，选择更有利于幼儿发展的教育方案和方式方法，提高教育活动的针对性和有效性。同时，教师对幼儿的发展及影响因素了解越多，越有利于引导家长积极配合、参与幼儿园的教育工作，让家园合作更顺畅，共同提高幼儿社会性发展水平。

教育实例

北京市某幼儿园进行了一次情境测试。幼儿园分别在中班、大班幼儿外出游戏归来和自由活动时，在活动室门口中间放置一个倒在地上的扫帚，结果中班幼儿没有人捡起扫帚，大班幼儿捡起扫帚的只有20%。第二次测试是同样的场景，教师向幼儿提出，请小朋友帮助老师做事情，看看班里哪里不整齐。结果，大班有多数幼儿会主动寻找，有的幼儿去捡起扫帚，别的幼儿还会跟过去；而中班只有个别幼儿发现并捡起扫帚。第三次测试还是同样的场景，教师向幼儿提出："小朋友们进门时看看地上有没有东西，有东西会绊倒小朋友们的。"这一次，有更多的幼儿主动捡起了地上的扫帚。

教师们在第一次测试后分析，由于独生子女在家中被呵护过多，所以幼儿比较关心周围环境与自己的关系，不会在意别人的存在，表现出较多的"冷漠""自私"等消极的社会情感和社会行为。在幼儿园的环境中，在与教师和幼儿的相互关系中，这种消极态度和行为表现更加突出。教师们分析认为，幼儿的这些消极表现与其家庭环境有关，经过适当的教育应该有改变。教师们后来进一步尝试采用了多种教育形式和方法（如集体活动看表演、讲故事、谈话讨论等），在日常生活和自由游戏活动中请幼儿互相帮助，或是帮助教师做一些力所能及的事情等，用表扬榜样、明确要求以及眼神和动作等鼓励的态度引导幼儿的亲社会行为。

经过一个学期的教育和家庭的配合，幼儿多数能做出一些关心集体的积极的社会行为。例如，户外游戏结束时看到有玩具落下了会主动捡起带回班里，把活动室墙壁上掉下来的图画捡起交给教师，等等。

2. 幼儿社会性发展评价的基本要求

评价幼儿社会性发展的意义在于了解幼儿的发展状况和发展需要，为教师因人而异制订教育教学活动计划提供依据。因此，不仅要评价幼儿社会性发展当前的水平和特点，还应对其行为表现的前因后果进行分析评价，避免轻易"贴标签"。

教师要以发展的眼光评价幼儿的发展，应注意多纵向、少横向分析评价幼儿个体的水平和需要，尽量避免幼儿之间的横向比较，更不可用不同幼儿的优势和弱势进行相互比较。教师对幼儿的评价要以促进幼儿发展为根本目标，应包含对促进其发展的因素的分析评价。

教师要注意评价手段和参与评价人员的多样性，以保证评价的客观性、准确性和有效性。评价时要注意定性评价和定量评价相结合，动态评价和静态评价相结合，观察与问卷等方法相结合。教师、家长和幼儿都要参与评价，这样对幼儿的评价才能是公正、客观的。

3. 幼儿社会性发展评价的前提

对幼儿社会性发展进行评价时，首先应当确定幼儿社会性发展评价的内容和指标，这是幼儿社会性发展评价的前提。

虽然对幼儿社会性发展进行评价的人员应该是多方面的，但是教师作为专业人员，无疑应该是评价内容和评价指标的制定者或选择者。教师可以根据《指南》中对幼儿园社会领域教育目标的分解，从交往态度和技能、社会认知和行为等方面进行进一步分解，结合幼儿的发展水平和需要，在制订教育计划的同时制定出相应的评价内容和指标。

教师可以根据《指南》对3 ~ 4岁、4 ~ 5岁、5 ~ 6岁幼儿的社会情感态度、社会行为等方面提出的学习和发展目标进行分级分类，从而以最简便的方法评价幼儿的社会性发展。例如,《指南》在3 ~ 4岁幼儿的发展目标中提出，愿意与人交往包括愿意和小朋友一起游戏，以及愿意与熟悉的长辈一起活动。根据这些内容，教师可以将评价内容和指标进行分解。例如，将“愿意和小朋友一起游戏”分为主动邀请、主动加入、旁观时被动加入（包括同伴邀请、教师建议、借助玩具等）、不关注、拒绝加入（包括从不加入、偶尔拒绝等）等几种不同表现进行评价，将“愿意与熟悉的长辈一起活动”分为主动提出共同活动要求、被动与长辈活动、活动中任性、活动中能听从建议等几种不同表现进行评价。

二、幼儿社会性发展评价方法

在根据目标分解幼儿社会性发展内容的基础上，教师可以根据不同内容采用观察法、谈话法、问卷调查法等合适的方法了解幼儿的发展状况，使用情境测验法、社会测量法等方法对幼儿社会性发展状况进行评价。

下面结合“愿意和小朋友一起游戏”的例子，分析上述各种方法的运用。

1. 观察法

观察是幼儿教师必备的专业能力。由于幼儿的口语表达能力不足，水平较低，对自己的感受与需要把握不很准确，教师需要在与幼儿的密切接触中细致观察幼儿的言行举止，了解其需要，获得幼儿发展状况的信息，为其发展提供适当的支持。在幼儿社会教育活动中，观察法的作用尤为重要。为了真实、准确、客观地获取信息，教师对幼儿的观察应该是自然、不加任何操作的。

根据观察的目的性不同，观察法可以分为随机观察法和有计划的观察法。随机观察法需要教师有敏锐的观察力，在日常各种活动中随时、及时捕捉幼儿的行为表现，这样记录的观察结果称为轶事记录。有计划的观察法是指教师有明确的观察目的，并制作相应的观察记录表有意进行观察的方法。

根据观察取样方法不同，观察法又可以分为时间取样观察法、事件取样观察法、行为核查观察法等。时间取样观察法是指教师预先将观察内容分类并制成不同样式的观察记录表（见表 1），再设定时间（如每 10 分钟或 30 分钟等）观察幼儿是否出现某种行为或行为持续时间，以快速得到幼儿社会行为的数据信息，进行统计分析的方法。

表 1　幼儿与同伴一起游戏观察记录表（区域活动或其他活动）

幼儿姓名：　幼儿年龄：　观察时间：　观察者：

时间	语言请求	借助玩具	表情或动作	攻击动作	不参与

事件取样观察法是指教师选定活动过程，以幼儿某种行为或事件是否出现为观察记录内容并进行评价的方法，这种方法有利于教师了解幼儿行为表现的前因后果，获取信息比较全面。观察活动前可制作不同样式的观察记录表（见表 2 和表 3）。

表 2　幼儿与同伴一起游戏观察记录表（一）（共同游戏或其他游戏等）

幼儿姓名：　幼儿年龄：　观察时间：　观察者：

活动类型	发生背景（主动、教师提醒、被邀请等）	动作（递送玩具等）	语言	指向	结果
自主游戏					
户外自由活动					
集体游戏					
室内自由游戏					
合计					

表3　幼儿与同伴一起游戏观察记录表（二）（共同游戏或其他游戏等）

姓名	年龄	性别	发生背景	动作	语言	指向	结果

行为核查观察法是教师预先列出需要观察的项目，再核查幼儿在活动过程中是否出现相应行为的方法。这种方法简便易行，针对性强，也可以设定时间进行长期观察。观察前可制作不同样式的观察记录表。

例如，多次有幼儿向教师告状，说一名叫力力的幼儿打人、推人。教师在日常生活和游戏活动中也确实随机观察到力力推、拍其他小朋友的现象。为了了解力力这样做的原因和次数，了解力力行为背后的社会性发展水平，有针对性地实施教育，教师利用观察记录表（见表4）进行了有计划的观察。

表4　幼儿与同伴一起游戏观察记录表（三）（共同游戏或其他游戏等）

幼儿姓名：　　幼儿年龄：　　观察时间：　　观察者：

行为表现	是	否	日期
请求与同伴共同游戏			
借助玩具请求与同伴共同游戏			
借助玩具加入同伴游戏			
用表情或动作请求加入同伴游戏			
接受邀请加入同伴游戏			
用消极动作要求加入同伴游戏（如推人等）			
拒绝同伴游戏请求			

通过随机观察和有计划观察，以及对观察信息的分析评价，教师改为力力动手的现象确实比较多，但那些并非是力力的攻击性行为，而是他性格外向，乐于与小朋友共同游戏，却不会正确表达自己意愿的表现，这也是这个年龄阶段的幼儿特别是男童的常见行为。为此，教师向力力和其他幼儿直接讲解正确表达意愿的方法和共同活动的交往技巧，在活动中适当提醒力力，及时表扬鼓励力力用语言提要求的积极行为，并指导家长如何帮助力力掌握回家后和小朋友交往的方法。通过多种手段的运用，力力这个活泼外向的幼儿有了很大改变，越来越成为小朋友欢迎的玩伴。

教师与幼儿的密切接触，使得观察可以在自然状态下直接进行，无需复杂的工具和技术。观察是教师了解幼儿社会性发展非常重要的手段，在幼儿社会性发展评价中运用广泛。观察结果也能最大限度地保证具有真实性、可靠性、广泛性，是教师行之有效实施社会教育的重要保证。但是，观察法也有一定局限，如比较费时，不可重复，对教师观察力要求较高。特别是有计划的观察需要在观察预定内容的同时，兼顾其他幼儿的活动。

使用观察法时应注意：观察记录应及时，避免间隔一段时间后再记录，以免影响结果的准确性；观察要客观，要避免观察者主观态度影响观察过程；观察记录应尽量简化，可以用符号代替常用语。

2. 谈话法

谈话法是教师与幼儿直接交谈以便对幼儿社会性发展状况进行评价的方法，评价者需要随时进行谈话记录并作出评价。谈话法在了解幼儿社会情感态度及社会认知方面使用较多。例如，教师为了了解幼儿力力是否“愿意和小朋友一起游戏”，可以与力力谈话，如问：“你愿意和谁玩?”“谁是你的好朋友?”“为什么喜欢和他（她）一起玩?”教师也可以与别的幼儿谈话，如问：“你喜欢和力力玩吗？为什么?”

谈话法有助于教师更全面地了解幼儿社会性发展的信息，也给幼儿自我表达的机会。谈话过程对幼儿来说就是一次社会活动的过程，所以谈话法也是幼儿社会性发展的重要方法之一。由于谈话是一对一进行，所以也有比较费时的局限，同时，这种方法对教师了解幼儿、与幼儿进行语言沟通能力的要求也比较高。教师的提问应该是幼儿能理解的、简短的，态度要自然、亲切。当幼儿表达不清楚时，教师要有耐心，善于提出启发性问题（避免引导性语言）。

为评价幼儿发展而进行的谈话，一定要预先确定谈话目的，拟订谈话大纲（尽可能详细）；应保证谈话在自然、安静的状态下，在幼儿熟悉的环境中和没有干扰的情况下进行；谈话记录要简短、客观（不带任何评价语气和感情色彩），并及时进行整理。

3. 问卷调查法

问卷调查法是教师根据观察的目的和内容，以发放问卷的形式对幼儿社会性发展状况进行评价的方法。最常见的是教师向家长发放问卷，了解幼儿社会性发展与家庭环境影响的关系、幼儿在家庭环境中社会行为的表现等。例如，教师要了解幼儿在家庭环境中“愿意和小朋友一起游戏”的情况，可以设计以下问卷：

“幼儿和小朋友一起游戏”调查问卷

1. 孩子在家里有小伙伴一起玩吗？

A. 经常有　　B. 偶尔有　　C. 几乎没有

2. 孩子与邻居小朋友一起玩吗？

A. 经常有　　B. 偶尔有　　C. 几乎没有

3. 孩子会主动邀请邻居小朋友到家里玩吗？

A. 经常有　　B. 偶尔有　　C. 几乎没有

4. 家长会邀请邻居小朋友到家里和孩子玩吗？

A. 经常有　　B. 偶尔有　　C. 几乎没有

5. 孩子会主动要求到邻居小朋友家里玩吗？

A. 经常有　　B. 偶尔有　　C. 几乎没有

6. 孩子在户外会主动要求加入其他小朋友的游戏吗？

A. 经常有　　B. 偶尔有　　C. 几乎没有

7. 孩子会带动其他小朋友一起玩吗？

A. 经常有　　B. 偶尔有　　C. 几乎没有

8. 孩子与其他小朋友经常一起玩吗？

A. 经常有　　B. 偶尔有　　C. 几乎没有

问卷调查需要取得家长及其他调查对象的配合，教师应本着诚恳的态度请对方参与调查。教师要说明调查的目的，以避免家长的误解；要讲清回答的方式，以帮助家长准确回答；要避免问题冗杂、占用被调查者时间过多，这样也方便调查结果的整理、分析。

4. 情境测验法

情境测验法是教师根据评价目的，预先设定某种情境，以诱导幼儿发生社会行为，从而对幼儿社会性发展状况进行评价的方法。教师针对评价需要和条件设计情境，以获取幼儿在特定情境中的行为表现，比较省时省力。例如，在评价幼儿力力与其他小朋友一起游戏的水平时，教师可以在力力与其他小朋友游戏时，逐渐以“帮老师做事”为由使他的玩伴离开他，观察力力的反应，看他是寻找其他小朋友，或询问教师其他小朋友什么时候回来，还是漠不关心。教师也可以在其他小朋友离开后，再带几个与力力同龄但不熟悉的小朋友来到力力身边，观察力力是主动请求对方共同活动还是拒绝对方，等等。

5. 社会测量法

社会测量法是一种测量团体中人际关系的方法。通过同伴的判断，教师可以评价幼儿的同伴关系发展水平，了解幼儿在团体中是否被接受或排斥，以及他在团体中的地位等信息。社会测量法又分为同伴提名法等多种方法，在幼儿社会性发展评价中运用较多的是同伴提名法、配对比较法和行为评定法。

（1）同伴提名法

同伴提名法是要求幼儿按照教师提供的某种标准选择符合标准的同伴的方法。例如，请幼儿说出他最喜欢和最不喜欢与谁一起游戏，一般要求幼儿每个类型说出三名同伴，并且同时进行正提名和负提名。正向选择得分越高，表明同伴接纳度越高；反之，负向选择得分越高，表明同伴排斥度越高。

对于年龄较小的幼儿，还可以用全班幼儿的照片对幼儿进行单独询问，让幼儿指出照片即可。例如，教师用照片询问班里每个幼儿，发现幼儿力力在男童中的正向选择得分很高，而在女童中的负向选择得分较高。结合分析力力在游戏中的行为，教师认为：力力活泼、聪明、好玩、会玩，使他被男童广泛接纳一起游戏；而他用动手推人表达参加游戏的愿望方法，使他被大部分女童拒绝。这也说明力力其实很愿意和小朋友一起游戏，只是需要用一定的方法加入他人的活动。

（2）配对比较法

配对比较法是将同伴配对呈现在幼儿面前（呈现名字或照片皆可），使幼儿按照教师提出的某种标准对每一对同伴做出比较和选择的方法。例如，教师将幼儿力力和另外一名男童的照片同时呈现给幼儿看，然后提问："你喜欢和哪一个小朋友一起玩'娃娃家'（或积木、球等）?"通过配对比较，可以得出力力被同伴接纳或拒绝的得分。

（3）行为评定法

行为评定法可以测量幼儿的社会行为能力和水平，但操作难度比较大。教师可以将全体幼儿的名字或照片呈现给幼儿，再按照教师提出的某一个现象或行为，请幼儿分别用笑脸、中性表情和哭脸对同伴进行评价，最后通过对每个幼儿的得分情况进行整理分析，教师就可以了解、评价幼儿在同伴中的地位和他自身的社会行为发展水平。这样，每个幼儿都能得到所有同伴的评价，而且所获取的信息比较全面。

第二节　幼儿社会教育活动评价

幼儿社会教育活动是实施幼儿社会教育的重要途径，也是促进幼儿社会性积极发展的重要保证。对幼儿社会教育活动的评价，有利于教师社会教育能力的提高和自身专业能力的发展，更有利于促进社会教育的效果，最终促进幼儿社会性发展。

一、幼儿社会教育活动评价的要求

1. 评价目的要明确

进行幼儿社会教育活动评价的根本目的在于提高教育活动的质量和水平，这种评价是了解教育的适宜性、有效性，调整和改进工作，促进每个幼儿发展，提高教育质量的必要手段。评价的过程是教师运用专业知识审视教育实践，发现、分析、研究、解决问题的过程，也是其自我成长的重要途径。活动内容、方法及过程是否适宜，效果是否在幼儿身上有所体现，需要教师及其他评价者运用专业知识对幼儿社会教育活动进行反思。因此，评价过程应注重实效，避免套话、空话，要总结、整理教育活动成功之处和不足之处，并结合活动过程回放找到成功与不足的原因，更重要的是，在此基础上提出改进建议和明确应继续发扬的优点。评价幼儿社会教育活动要考虑个体社会性发展的特点，一次活动不一定马上就能看到明显的效果。评价者还应注意分析幼儿社会教育活动效果的综合性、后续性和内隐性，避免急功近利，以防误导教育活动走向表面化、刻板化。

2. 评价要以教师自评为主

评价应以教师自评为主，结合他评。教师自评即对组织实施的幼儿社会教育活动进行的全面反思，既要总结成功之处和经验，又要分析不足之处并提出改进的措施。评价是对幼儿社会教育活动的总结，可大可小，自评伴随着教师的反思行为。评价包括对教师教育活动行为的总结分析，例如，目标设定是否合理，是否实现了目标，有哪些成功的经验和不足的教训，原因是什么，对幼儿发展和教师自身的专业成长可能产生哪些影响，等等。同时，评价也包括对幼儿行为表现的总结分析，特别是对活动过程中教师与幼儿相互作用的影响因素要认真整理分析，找出对幼儿发展最有效、影响较大的教育活动内容、方式方法等。

评价与教师的反思是教育活动必不可少的环节，可以提高和改进后续的教育活动及其他教师的工作质量，从而有效影响幼儿身心发展，实现幼儿社会教育的总目标。反思过程还可以促进教师的专业成长和教师在社会中的可持续发展。他评是幼儿园业务领导和其他教师以及教育行政部门上级领导共同对教师的教育活动进行总结、评定的过程。他评有助于教师更全面、客观地分析、评判教育活动的适宜性和有效性，也能更好地提升教师整体的专业水平。

3. 评价要全面

评价幼儿社会教育活动要注意全面性。

一是评价者要全面。为了全面了解幼儿社会教育活动的有效性，在幼儿园内的自评和他评之外，还可以引进家长甚至是幼儿的评价，因为幼儿的行为表现就是活动效果的重要体现。

二是评价内容要全面。既要评价教师的教育行为，也要评价幼儿接受教育的效果；既要评价活动过程，也要评价伴随的隐性影响因素（如环境布置等）。

三是评价过程要全面。既要评价一次性的活动过程和暂时的结果，也要持续关注、评价教师和幼儿后续的发展状况，使评价成为一个动态的活动过程，使评价活动取得真正效果，即实现幼儿社会性发展和教师专业能力提升。

二、幼儿社会教育活动目标、内容、过程和结果的评价

1. 幼儿社会教育活动目标的评价

一要看目标是否全面。例如，一项幼儿社会教育活动的目标往往涵盖幼儿社会情感态度、社会认知和社会行为习惯等几个方面，尽管这些目标的重要性不完全相等，也要尽可能考虑活动过程对幼儿社会性发展的综合影响。

二要看目标是否具体、可操作。幼儿社会教育活动的目标必须根据国家提出的宏观教育目标确定，并结合本年龄阶段和本班幼儿的发展水平和需要，层层分解为具体、可操作的目标，才能落实到具体教育活动中。具体、可操作的教育目标也是进行幼儿社会教育活动评价的依据和出发点。

三要看目标是否有层次。进行教育活动要使每个幼儿都能在自己的原有水平上得到发展，活动目标的设计应根据班级中不同幼儿的水平而有多个层次，既能让水平较高的幼儿发展更好，又能保证所有幼儿都有所收获。重点活动目标应该符合大多数幼儿的发

展水平，是大多数幼儿能够达到的，较低或较高层次目标应使发展水平不同、个性特征不同的幼儿都能有所发展。

2. 幼儿社会教育活动内容的评价

一要看教育活动内容是否贴近幼儿的生活，是否为幼儿经常接触和所能理解的。例如，《弟子规》《三字经》等有一些很好的教育内容，但是幼儿即使能跟着教师吟诵，也不可能理解含义，而更多地是当成歌谣来学习。又如，“孔融让梨”显然就是多数独生子女幼儿无法理解的。因此，教师要依据幼儿的理解水平选择教育内容。

二要看教育活动内容是否与幼儿的发展水平相符合，特别是对社会生活中一些突发事件或者某些相对抽象的问题的认识、判断，尤其要注意这一点。例如，针对2020年的新冠肺炎疫情及抗疫工作，有教师设计了“只有一台呼吸机给谁用”的教育活动，显然小班、大班幼儿的回答区别很大，可讨论的内容也有很大的区别。有的小班幼儿无论教师如何引导都回答给妈妈、爸爸用，有的大班幼儿提出应该让医生、警察用，因为他们是英雄（可在教师的引导下讨论什么是英雄）。

3. 幼儿社会教育活动过程的评价

幼儿社会教育活动过程是评价中最重要的内容。评价者要评价活动形式、教师使用教育方法的科学性与合理性，这些都具体表现在幼儿社会教育活动过程中。例如，教师是否既充分照顾到幼儿的个体差异，又面向全体幼儿的发展；幼儿是否有机会自主体验、观察、表达以及充分参与活动，其学习与发展的主体地位有什么体现；教师与幼儿以及幼儿之间的互动水平如何，等等。

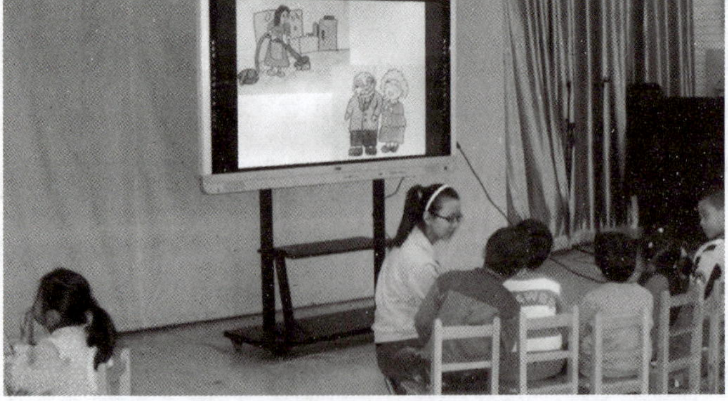

课堂分组讨论

图片说明：分组讨论在幼儿社会教育活动中的效果更好。

4. 幼儿社会教育活动结果的评价

评价幼儿社会教育活动的结果主要是看：是否实现了活动目标，幼儿是否获得与目标一致的相应的发展，幼儿在活动中是否获得愉快的情绪体验，等等。

幼儿社会教育活动案例及评价

1. 活动名称

怎样做才好（中班）

2. 活动目标

（1）幼儿正确认识自己与朋友交往中的言行，知道怎样做才对。

（2）幼儿增强乐群意识，学习主动大胆与同伴友好交往。

“正确认识自己与朋友交往中的言行，知道怎样做才对”，这指向幼儿社会认知；“交往中的言行”也是具体的、可检验的；“乐群意识”指向幼儿社会情感态度；“主动大胆与同伴友好交往”指向幼儿社会行为，但略显空泛，还应更具体一些。

3. 活动准备

挂图《大胖熊和小老鼠》、情境设置与表演视频《谁做得好》、桌面玩具若干、幼儿用书。

准备评价：准备的都是教师操作的材料，幼儿的操作材料仅有幼儿用书，略显不足。

4. 活动过程

（1）教师讲述并引导幼儿理解故事内容

教师展示挂图，有感情地讲述《大胖熊和小老鼠》的故事。

教师提出以下问题，引导幼儿理解故事内容：

1）大胖熊和小老鼠为什么总爱在一起呢？

2）大胖熊的帽子被吹到洞里，小老鼠是怎样做的？

3）小老鼠的帽子又怎么啦？大胖熊是怎样做的呢？

4）后来又出现了什么问题？他们又是怎样解决的？

（2）教师引导幼儿讨论并总结

教师提问：“在生活中，当你们遇到困难时，你们是怎样做的？”

教师小结：在与朋友交往中，要正确认识到自己的不足，知道该怎么做。

（3）幼儿做出判断

幼儿了解情境设置，看表演视频，判断谁做得好。

情境一：（教师提问指导）朵朵想参加游戏吗？为什么自己不对小朋友说呢？这样做好吗？

情境二：（教师提问指导）力力看见小朋友在玩玩具，他是怎么做的呢？你觉得这样做对吗？为什么？

情境三：（教师提问指导）小朋友在玩什么游戏？西西心里是怎么想的？最后说了什么？

（4）游戏活动

教师组织幼儿进行桌面游戏。

过程评价：活动过程紧紧围绕活动目标，随着活动过程的进行，可以预期幼儿能够学习如何“主动大胆与同伴友好交往”。同时，教师的引导活动很丰富，形式也多种多样，启发提问具体。但是，这次活动又有听故事，又有看视频，还有教师细致的提问，那么留给幼儿思考和表达的机会就不多了，幼儿表达自己感受的机会也会很少，最后留给幼儿自己进行桌面游戏的时间就更加有限了。

因此，在实施活动时，教师还应考虑适当减少内容，让幼儿有更多机会主动学习和发展。

思考·练习

一、简答题

1. 有的教师认为，自己努力工作就好，评价与否不会对工作有什么实质性的影响。也有的教师认为，评价主要是业务领导的工作内容，多听听他们的意见就可以了，自己无须进行评价。对于以上两种观点，你怎么看？

2. 为什么要评价幼儿的社会性发展？评价对幼儿社会性发展有什么影响？

3. 为什么要进行幼儿社会教育活动评价？评价对幼儿社会教育的实施有什么影响？

二、分析判断题

判断下面的表述中，哪些幼儿社会性发展的评价方法比较适宜，哪些不太适宜；哪些符合幼儿社会教育活动评价的要求，哪些不符合。

1. 用谈话法了解小班幼儿对同伴的评价。

2. 为了评选年度优秀教师而进行教学观摩，评价教师的教育活动。

3. 教师评价幼儿的发展水平，应以观察法为主。

4. 用照片设计一项问卷调查，了解幼儿与同伴的关系。

5. 评价观摩幼儿社会教育活动时，要求做课的教师先进行自我评价。

6. 幼儿社会教育活动评价主要看教师设计的活动是否符合幼儿的发展水平。

其中，比较适宜的幼儿社会性发展评价方法是＿＿＿＿＿＿，不适宜的是＿＿＿＿＿＿；符合幼儿社会教育活动评价要求的是＿＿＿＿＿＿，不符合幼儿社会教育活动评价要求的是＿＿＿＿＿＿。

三、实践练习题

见习幼儿园社会教育活动，写出自己的评价意见，并参加幼儿园教师的评价活动，对比多方的评价意见，进行整理归纳。